Carl Heinrich Busch

Beitrag zur Kenntnis der Gaumenbildung bei den Reptilien

Carl Heinrich Busch

Beitrag zur Kenntnis der Gaumenbildung bei den Reptilien

ISBN/EAN: 9783743693579

Hergestellt in Europa, USA, Kanada, Australien, Japan

Cover: Foto ©berggeist007 / pixelio.de

Weitere Bücher finden Sie auf **www.hansebooks.com**

Beitrag zur Kenntniss der Gaumenbildung bei den Reptilien.

Inaugural-Dissertation

der Philosophischen Facultät der Universität Giessen

behufs Erwerbung des Doctorgrades

vorgelegt

von

Carl H. Busch,
Lehramts-Assessor.

Jena,
Gustav Fischer.
1898.

Die morphologischen Verschiedenheiten der Munddecke bei den Reptilien sind zwar schon öfter von Forschern angedeutet und in speciellen Fällen theilweise auch näher beschrieben worden, aber eine zusammenhängende, umfassende Behandlung dieses Gegenstands existirt meines Wissens bis heute noch nicht. Es dürfte daher ein Beitrag zur Erweiterung unserer Kenntnisse, wenn auch nur in Bezug auf die Munddeckenbildung der Lacertilier, um so willkommener sein, als die schon bei den Schildkröten begonnene, aber erst bei den Krokodilen zur hohen Vollendung kommende Ausbildung eines wirklichen Gaumens uns die Fragen nahelegen:

a) Finden wir unter den heutigen Eidechsen Formen, die sich hinsichtlich einer allmählich fortschreitenden Vervollkommnung des Baues ihrer Munddecke zu einer aufsteigenden Reihe anordnen lassen?

b) Vermögen wir in den obersten Gliedern dieser Reihe Vorstufen zu der Gaumenbildung von Schildkröten, Krokodilen und Säugethieren zu erkennen?

Bevor wir nach dieser Richtung hin die einzelnen Familien der Lacertilier einer nähern Betrachtung unterwerfen, ist es nöthig, zunächst mit wenigen Worten des abweichenden Verhältnisses zu gedenken, in welchem bei den niedern und höhern luftathmenden Vertebraten das Geruchsorgan zur Mundhöhle steht. Bei den Amphibien ist das Geruchsorgan im Wesentlichen nichts anderes als ein einfacher Nasengang, der die Decke der primären Mundhöhle kurz hinter dem Prämaxillare durchbricht. In einen Gegensatz dazu tritt die Nasenhöhle der Säuger dadurch, dass an ihrer Bildung nicht nur ein dem Nasengang der Amphibien entsprechender Hohlraum, sondern auch noch ein Abschnitt der ursprünglichen Mundhöhle betheiligt ist, der gegen die definitive oder secundäre Mundhöhle durch den harten und weichen Gaumen abgegrenzt wird. Nur in diesem Sinne werde ich in meiner Arbeit von einer Nasenhöhle sprechen. — Der bei den Säugethieren noch verbleibende, ungetheilte hintere Abschnitt der primären Mundhöhle bildet bekanntlich den Pharynx, in den die Einmündung der Nasenhöhle hinter dem weichen Gaumen durch das Ostium pharyngo-nasale erfolgt. Als Choanen bezeichne ich in Uebereinstimmung mit dem ursprünglichen Gebrauch nur die hintere Oeffnung am macerirten knöchernen Schädel. Eine scharfe Definition dieser Benennungen und ein strenges Festhalten an der ihnen einmal in der Anatomie des Menschen gegebenen Bedeutung erscheint mir unerlässlich. Ich werde deshalb im Folgenden nur da von Choanen sprechen, wo eine Trennung der secundären Mundhöhle von der Nasenhöhle durch einen knöchernen Gaumen besteht.

Unter den Reptilien ist letzteres bekanntlich am vollständigsten der Fall bei den Krokodilen. Diese übertreffen hierin sogar noch die meisten Säuger, in so fern sich bei ihnen an der Herstellung der Gaumenplatte nicht nur die Maxillaria und Palatina, sondern auch noch die Pterygoidea dadurch betheiligen, dass sie von ihrem lateralen Rand aus Gaumenfortsätze bilden, die in der Mittellinie zusammenstossen. Hierdurch fallen die Choanen gänzlich in den Bereich der Flügelbeine, was bei den Säugethieren fast niemals geschieht. Aehnliche Verhältnisse der Gaumenbildung wie bei den letztern finden wir unter den Schildkröten bei den Cheloniiden, indem auch bei diesen die Pterygoidea nicht in die Begrenzung der Choanen mit einbezogen werden. Der Gaumen der Cheloniiden kommt ausschliesslich dadurch zu Stande, dass sich an den langen, unpaaren Vomer von beiden Seiten her vorn die Gaumenfortsätze der Maxillaria und dahinter diejenigen der Palatina anlegen. Diese sowie die Gaumenfortsätze der Maxillaria berühren sich hier jedoch in der Mittellinie nicht, sondern bleiben durch den Vomer von einander getrennt. Am hintern Rande des letztern, ziemlich weit vor den Flügelbeinen, liegen die Choanen. Bei *Testudo*, *Emys* und *Trionyx* finden wir keinen harten, sondern nur einen weichen Gaumen in mehr oder weniger ausgeprägter Form.

Bei den Ophidiern kommt es überhaupt nicht zu einer Gaumenbildung; wir können sie daher gänzlich von unserer Betrachtung ausschliessen und uns nunmehr der engern Frage nach dem Munddeckenbau der Lacertilier zuwenden. Ich bemerke jedoch von vorn herein, dass es mir bei dem grossen Umfang des Gebiets nicht möglich gewesen ist, von allen Familien geeignete Repräsentanten zu erlangen und zu untersuchen; ich habe deshalb meine Beobachtungen auf die bekanntesten Familien beschränkt. Der Anordnung meines Materials habe ich den BOULENGER'schen „Catalogue of the Lizards in the British Museum, Second Edition, Vol. 1—3" zu Grunde gelegt. Von den echten Lacertiliern habe ich die *Geckonidae, Agamidae, Iguanidae, Anguidae, Varanidae, Teiidae, Amphisbaenidae, Lacertidae, Scincidae* und *Chamaeleontidae* untersucht; ausserdem habe ich noch, trotz seiner Sonderstellung, *Sphenodon* in meine Betrachtungen mit hineingezogen.

Die Munddecke der Eidechsen stellt allgemein ein mehr oder weniger hohes Gewölbe dar, dessen Seitentheile die bogenförmige Zahnreihe tragen. Längs der Aussenseite von dieser erstreckt sich ringsum ein mit der Oberlippe der Säuger zu vergleichendes Gebilde, dem an der lingualen Seite des Zahnbogens ein mehr oder weniger dicker Wulst gegenüber steht. Ersteres ist im Wesentlichen eine Hautduplicatur, die oft durch Einlagerung von Drüsen verdickt wird; es trägt an der Aussenseite die Lippenschilder und ist von den Zähnen gewöhnlich durch einen schmalen, aber tiefen Spalt getrennt. Ich werde dieses als „Aussenlippe" bezeichnen, im Gegensatz zu dem längs der lingualen Seite des Zahnbogens hinziehenden Wulst, den ich „Innenlippe" nennen will. An der letztern lassen sich in der Regel zwei verschiedene Abschnitte unterscheiden. Von diesen bildet den Haupttheil die eigentliche Innenlippe, welche sich in Gestalt eines Wulstes längs der Maxille hinzieht und im Bereich des Zwischenkiefers gewöhnlich eine kleine knopfartige Verdickung aufweist. Wo eine solche vorhanden ist, setzt sie sich jederseits durch eine seichte Furche von dem übrigen Lippenwulst ab. Dieser trägt als zweiten Theil der Innenlippe medianwärts eine durchweg stark entwickelte Schleimhautfalte, die „Lippenfalte" genannt sein mag. Diese ist histologisch dadurch von der eigentlichen Innenlippe verschieden, dass sie bei fast sämmtlichen von mir untersuchten Eidechsen vollkommen drüsenfrei bleibt, während die letztere gewöhnlich Drüsen enthält. Nach hinten reicht die Lippenfalte jederseits bis an zwei mächtige Wülste heran, welche durch die Kaumuskeln hervorgerufen werden.

Von diesen Wülsten setzt sich jene Falte mit ihrem hintern Ende meist ziemlich scharf ab, während sie gegen die vordere Partie der Mundhöhle ganz allmählich verstreicht.

Zwischen diesen, gleichsam die Pfeiler des Gewölbes darstellenden Seitentheilen des Mundes spannt sich nun dessen eigentliche Decke aus, die in ihrem Bau mannigfaltige Variationen aufweist. Ihre gewöhnliche Grundform zeigt dicht hinter dem Bereich des Zwischenkiefers ein auf dem Pflugscharbein ruhendes Feld, welches BORN „Mittelplatte", REICHEL „Gaumenfeld", VOGT u. YUNG — bei *Lacerta* — „Vomerknopf" genannt haben, für das mir „Vomerpolster" eine passendere Bezeichnung zu sein scheint. Gestalt und Grösse dieses Polsters wechseln in den einzelnen Familien der Lacertilier sehr; auch ist es häufig in verschiedene Abschnitte gesondert. Fast ausnahmslos führt ein niedriger, medianer Kamm, die „Vomerleiste", von dem vordersten Theil der Innenlippe auf das Vomerpolster über. Zu beiden Seiten wird dieses durch zwei weite Oeffnungen begrenzt, die mit dem Epithel der Mundschleimhaut ausgekleidet sind und nach oben in die mit Riechzellen versehenen Abschnitte des Nasengangs hinleiten. Da sie die Einmündung des letztern in die Mundhöhle vermitteln und sich zu demselben analog verhalten wie die mit Epidermis ausgekleideten „äussern Vorhöhlen" des Nasengangs (BORN), sollen sie als dessen „innere Vorhöhlen" bezeichnet werden. Diese wie auch das Vomerpolster sind nach hinten durch die grösste Partie der Munddecke begrenzt, die ich nach den über ihr liegenden Knochen „Palatopterygoidfeld" nenne. Dasselbe trägt jederseits die hintern Partien der Lippenfalte und ist von einer bald engern, bald breitern medianen Furche durchzogen. In diese schneidet von hinten die „Sphenoidbucht" ein, an deren Grund gewöhnlich ein langer, spindelförmiger Wulst die Lage des Rostrum sphenoidale erkennen lässt. Ausser dieser Bucht bilden den hintern Abschluss des Palatopterygoidfelds die bereits oben erwähnten Kaumuskelwülste.

In der Regel bleiben an der Munddecke die innern Vorhöhlen des Nasengangs nicht in ihrer ganzen Breite sichtbar, sondern jede von ihnen wird durch eine klappenartige Falte überdeckt, die sich vom Palatopterygoidfeld aus längs der Basis der Innenlippe gegen den Zwischenkiefer hin erstreckt. Hierdurch bleiben zumeist von den weiten Oeffnungen der innern Vorhöhlen des Nasenganges nur zwei schmale Spalten zu beiden Seiten des Vomerpolsters übrig. Letztere will ich „Nasengaumenspalten" nennen, jene Deckfalten aber

— aus später zu ersehenden Gründen — „Gaumenblätter". An ihrem vordern Ende sind die Nasengaumenspalten gewöhnlich äusserst eng und gegen die Innenlippe umgebogen; sie vermitteln daselbst die Ausmündung des Jacobson'schen Organs. Ihr hinterer Abschnitt besitzt dagegen eine bald mehr bald weniger beträchtliche Breite, so dass man von hier aus einen Theil der innern Vorhöhlen des Nasengangs überblicken kann.

Der Beschreibung der echten Lacertilier lasse ich diejenige des einzigen lebenden Rhynchocephaliers, *Sphenodon punctatus*, vorausgehen. Die Munddecke desselben zeigt eine der einfachsten Formen. Von den meisten echten Lacertiliern abweichend ist bekanntlich u. A. bei *Sphenodon* das Vorkommen einer Reihe kräftiger Gaumenbeinzähne, welche annähernd parallel mit der hintern Hälfte des maxillaren Zahnbogens verläuft. Dieser eigenthümlichen Anordnung der Zähne entsprechend ist auch die Innenlippe modificirt, indem sie sich in ihrem hintern Abschnitt gabelt und mit dem einen Ast zwischen beide Zahnreihen, mit dem andern medianwärts von den Gaumenbeinzähnen hinzieht. Der mediale Ast trägt die Lippenfalte. Dieselbe bleibt ganz auf den Bereich der Gaumenbeinzahnreihe beschränkt und verstreicht an deren vorderem Ende jederseits ziemlich plötzlich gegen die Innenlippe. Letztere nimmt kurz hinter der Prämaxille erheblich an Breite zu, bis sie sich mit dem schmalen, in der Mittellinie aufsteigenden Zwischenkieferknopf vereinigt. Von diesem nach hinten führt die Vomerleiste als ein niedriger, medianer Wulst zur eigentlichen Munddecke empor. Den vordern Theil der letztern bildet das Vomerpolster. Dasselbe zerfällt in zwei deutlich unterschiedene Abschnitte: hinten ein grosses Oval mit verdickten lateralen Rändern und davor ein rautenförmiges kleineres Stück, das von den umgebenden Partien scharf abgegrenzt und von der Vomerleiste durchzogen ist. Diese erstreckt sich von vorn her ungefähr bis zur Mitte des ovalen Abschnitts als ein niedriger medianer Kamm, dann aber gabelt sie sich und läuft nach hinten in Form zweier dicken Wülste gegen die lateralen Ränder des Vomerpolsters aus. Die zu beiden Seiten von diesem gelegenen schmalen Nasengaumenspalten bilden lange, sichelförmig gegen die Medianlinie gebogene Einschnitte, die von unten her keinen Einblick in die innern Vorhöhlen des Nasengangs gestatten. Ueber die letztern hin legen sich die nur mässig entwickelten Gaumenblätter. Dieselben setzen sich mit ihrem freien vordern Rand scharf von den benachbarten Weichtheilen der Munddecke ab, verstreichen aber nach hinten allmählich gegen das Palatopterygoidfeld. Dieses wird seiner ganzen Länge nach von zwei starken, gegen einander convexen Leisten durchzogen, welche mit ihrem vordern Ende unmittelbar an die aufgeworfenen Ränder des Vomerpolsters grenzen, während sie nach hinten bis an die mächtigen Kaumuskelwülste reichen, vor denen sie zusammen mit der Innenlippe endigen. Das von diesen Leisten eingeschlossene Stück des Palatopterygoidfelds erscheint im Wesentlichen als eine breite Furche, in die von hinten her die verhältnissmässig schmale Sphenoidbucht scharf einschneidet.

Vergleichen wir diese Weichtheile der Mundhöhle mit deren knöcherner Decke, so zeigt uns letztere einen noch einfachern Bau. Die kräftigen Maxillen entbehren eines Gaumenfortsatzes gänzlich und legen sich mit ihrem vordern Ende an den breiten, paarigen Zwischenkiefer an. Auch diesem mangelt jede Spur eines horizontalen Fortsatzes, so dass die beiden Pflugscharbeine schon kurz hinter den Vorderzähnen mit ihm in Berührung treten. Zusammen genommen haben die Pflugscharbeine eine annähernd dreieckige Form und eine schwach gewölbte Unterfläche. Sie stossen in der Mittellinie eng an einander und besitzen vorn an ihrem ein wenig nach unten gewendeten lateralen Rand eine scharfe Ausbuchtung, entsprechend der Mündung des JACOBSON'schen Organs anderer Eidechsen. Ob aber *Sphenodon* selbst ein solches besitzt, ist mir nicht bekannt und konnte von mir nicht näher untersucht werden, weil mir zur Anfertigung von Schnittpräparaten kein Material zur Verfügung stand.

Die lateral von den Vomeres gelegenen „innern Nasenöffnungen" bilden zwei lang gestreckte, weite Löcher, die in den Weichtheilen fast vollständig von den Gaumenblättern überdeckt werden. Ihren hintern Abschluss erhalten sie durch die Palatina. Diese sind vorn erheblich breiter als hinten und werden in ihrer ganzen Länge durch die nach vorn bis an die Vomeres reichenden Flügelbeine von einander getrennt. In ihrer vordern Partie stossen die letztern medianwärts eine Strecke weit zusammen, nach hinten dagegen trennen sie sich und schliessen eine breite „Pterygoidspalte" ein. Ausser dieser Spalte und den innern Nasenöffnungen zeigt die knöcherne Munddecke aller Eidechsen — ausgenommen die der *Amphisbaenidae* — noch zwei mehr oder weniger grosse Löcher: die Foramina suborbitalia. Jedes von diesen bildet gewöhnlich ein längliches Oval, an dessen Umrandung sich von den Knochen der Munddecke gemeinschaftlich entweder das Palatinum, Pterygoideum, Transversum und Maxillare oder nur die drei erstern allein betheiligen. Bei *Sphenodon* ist das erstere der Fall, indes bilden bei ihm die Foramina suborbitalia keine Ovale, sondern stellen knieartig gebogene Löcher dar, in welche die zahntragenden lateralen Ränder der Palatina mit einem nach hinten gerichteten Fortsatz hineinragen. In den Weichtheilen werden jene Foramina bei sämmtlichen Eidechsen, wo sie vorkommen, von den hintern Theilen der Innenlippe vollständig verschlossen.

Unter den echten Lacertiliern zeigen den einfachsten Bau der Munddecke die *Agamidae* und *Iguanidae*; beide Familien lassen darin aber keine grössern Abweichungen von einander erkennen als ihre einzelnen Genera wieder unter sich. Von den erstern habe ich mit Heranziehung von Schnittpräparaten *Calotes jubatus* und *Uromastix hardwickei*, von den letztern *Iguana tuberculata* und *Phrynosoma cornutum* untersucht, während meine Beobachtungen bei den nachbenannten übrigen Vertretern jener Familie sich auf die äussere Form der Mundweichtheile und den macerirten Schädel beschränken mussten.

Agamidae.

Calotes jubatus. Die Munddecke von *Calotes* ist verhältnissmässig stark gewölbt und in ihrem vordern Theil mit einem gewaltigen Vomerpolster versehen. Letzteres stellt eine breite, nach hinten abgerundete Platte dar, die sich sammt der niedrigen Vomerleiste ohne scharfe Abgrenzung vom intermaxillaren Theil der Innenlippe emporwölbt. Lateral trägt das Vomerpolster jederseits eine schwache Ausbuchtung, wodurch die Nasengaumenspalten an ihrem hintern Ende sich erweitern, so dass ein kleines Stück der innern Vorhöhlen des Nasengangs sichtbar wird. In ihrem vordern Abschnitt sind die Nasengaumenspalten äusserst schmal; sie vermitteln daselbst den Austritt des Jacobson'schen Organs, das bei *Calotes* sehr klein und im Verhältnis zur Lage des gleichen Organs bei andern Lacertiliern auffallend weit von der Medianlinie entfernt ist. Die mässig stark entwickelten Gaumenblätter sind längs ihres medialen Randes schwach wellig gebuchtet und ziemlich scharf nach oben gerichtet. Sie überragen nach hinten das Vomerpolster nur ein wenig und verstreichen dann in einem sanften Bogen gegen die Lippenfalte und das Palatopterygoidfeld. Aehnlich wie bei *Sphenodon* wird letzteres auch hier in seiner ganzen Länge von zwei breiten, nach hinten convergirenden Leisten durchzogen, so dass seine Gestaltung im Wesentlichen die nämliche ist wie dort. Abweichend von der vorigen Form ist nur die breite Medianfurche des Palatopterygoidfelds, in so fern dieselbe vorn in zwei zu den Nasengaumenspalten hin führende schmale Rinnen ausläuft. Hervorgerufen wird diese Bildung durch einen breiten, bei allen Agamiden vorkommenden keilartigen Wulst, der sich hinten an das Vomerpolster als eine Fortsetzung des die beiden Nasengänge von einander trennenden Septums ansetzt und den ich deshalb „Nasengangscheide" nennen will.

Diesen einfachen Verhältnissen in den Weichtheilen entspricht in der Hauptsache auch die knöcherne Munddecke. Die mässig starken Maxillaria tragen nur an ihrem vordern Ende wohl entwickelte Gaumenfortsätze. Dieselben stossen eine Strecke weit zusammen und trennen dadurch — im Gegensatz zu *Sphenodon* — das unpaarige Prämaxillare von den Pflugscharbeinen. Ersteres ist schmal und besitzt einen nur winzigen Processus intermaxillaris; die letztern aber sind breit und bilden zusammen ein längliches Oval, dessen untere convexe Fläche von einer breiten medianen Furche durchzogen wird. Medianwärts legen sich die beiden Vomeres in ihrer ganzen Länge an einander; ihr lateraler Rand ist nach aussen gekrümmt und entbehrt eines Einschnitts für die Ausmündung des JACOBSON'schen Organs gänzlich. Die verhältnissmässig breiten Palatina liegen in ihrer vordern Partie annähernd horizontal und berühren sich daselbst, weiter nach hinten sind sie jedoch getrennt und ein wenig dachförmig gegen einander geneigt. Längs ihres medialen Randes werden sie zum grössten Theil von den Flügelbeinen umsäumt, die ihrerseits lange spitze Fortsätze gegen die Vomeres entsenden, ohne indes — wie bei *Sphenodon* — mit diesen selbst in Berührung zu treten. Eine nur an ihrem hintern Ende breit auslaufende Palatopterygoidspalte trennt die Flügelbeine vollständig von einander. Vom hintern medialen Rand der letztern erstrecken sich zwei scharf gegen die Mittellinie gebogene Cristen nach vorn bis an die innern Nasenöffnungen. Diese sind sichelförmig gegen die Vomeres gekrümmt und an ihrem hintern Ende erheblich breiter als vorn, wo sie in eine Spitze auslaufen; ein Verschluss dieser Oeffnungen findet sich am Knochen nicht.

Fragen wir jetzt nach den weitern Elementen, die ausser den soeben betrachteten Knochen zur Bildung der Munddecke von *Calotes* beigetragen haben, so geben uns die Schnittpräparate hierüber den gewünschten Aufschluss; es sind: das Epithel, Bindegewebe und Drüsen. Hiervon sind die letztern ganz und gar auf die Lippen beschränkt.

Die Aussenlippe enthält zusammengesetzte tubulöse Drüsen mit kurzen, schräg nach innen gerichteten Ausführungsgängen. Nur von einem mässig starken Bindegewebsgerüst zusammengehalten, ziehen sie sich längs des ganzen Zahnbogens hin und häufen sich besonders in der vordern Aussenlippe zu einem mächtigen Drüsencomplex an. Im Gegensatz zu ihnen zeigen die Drüsen der Innenlippe einen acinösen Bau und weite, leicht erkennbare Ausführungsgänge, die an der medialen Seite der Lippe ausmünden. Die Drüsen durchziehen die letztere jedoch nicht ganz, sondern lassen den vordern Theil im Bereich des Zwischenkiefers frei, so dass sie in zwei getrennte Lager zerfallen. An der eigentlichen Munddecke befinden sich keine Drüsen, vielmehr sind hier die weichen Partien hauptsächlich aus Bindegewebe und Epithel gebildet. Ersteres tritt im Ganzen nur recht spärlich auf, so dass wir — abgesehen von der Nasengangscheide — nur in den Gaumenblättern und dem Vomerpolster eine mässig dicke Bindegewebsschicht antreffen. Für die übrigen Theile der Munddecke liefert vorwiegend das Epithel den Ueberzug der Knochen.

Eine im Wesentlichen gleiche Bildung der Munddecke wie bei *Calotes* zeigen unter den Agamiden *Draco volans, Agama stellio* und *Amphibolurus barbatus*. Bei sämmtlichen finden wir ein breites Vomerpolster, das lateral von engen Nasengaumenspalten begrenzt wird und sich nach hinten durch die Nasengangscheide mit dem Palatopterygoidfeld verbindet. Dieses trägt bei allen drei Genera je zwei breite Leisten, die es in analoger Weise wie bei *Calotes* gestalten. Während aber diese Leisten bei *Agama* und *Amphibolurus* sich mit ihrem hintern Ende scharf von den Kaumuskelwülsten absetzen und von dort in einem gegen die Mittellinie c o n v e x e n Bogen bis an die Nasengaumenspalten hinziehen, heben sie sich bei *Draco* von jenen Wülsten ganz allmählich ab, umschliessen ein o v a l e s Mittelfeld und endigen, fast quer gegen die Innenlippe gerichtet, auf der Grenze zwischen dem Palatopterygoidfeld und den Gaumenblättern. Letztere sind im Allgemeinen gut entwickelt; ihre untere Fläche hat bei *Draco* ein glattes Aussehen, während dieselbe bei *Agama* und *Amphibolurus* von wellenförmigen Furchen durchzogen erscheint.

Auch die knöcherne Munddecke zeigt bei allen drei Genera ein ganz ähnliches Verhalten wie bei *Calotes*. Abweichend ist nur die breitere Palatopterygoidspalte, die sich nach vorn sogar bis zwischen die Vomeres erstreckt und von den verdickten medialen Rändern der Gaumen- und Flügelbeine begrenzt wird. Letztere entsprechen zugleich den bei *Calotes* scharf hervortretenden Leisten an der knöchernen Munddecke.

Sehr verschieden von den bisherigen Agamiden ist die Bildung der weichen Munddecke bei *Uromastix hardwickei*. Schon die

Lippen weichen von der gewöhnlichen Form ab. Die Aussenlippe ist zu mächtiger Entwicklung gelangt und gegen ihre hintern Enden in Folge der zahnartigen Zuspitzung der Lippenschilder mit einer eigenthümlichen Umrandung versehen. Der Innenlippe fehlt die Lippenfalte vollständig. Sie besteht im Wesentlichen aus zwei niedrigen Längswülsten, die vorn durch einen doppelten Zwischenkieferknopf mit einander verbunden werden. Von diesem führt die niedrige Vomerleiste nach hinten auf das Vomerpolster hinüber. Letzteres zerfällt in zwei ungleich grosse Abschnitte; von denselben liegt das kleinere vordere Stück mit einer glatten Unterfläche zu beiden Seiten der Vomerleiste, während der grössere Abschnitt sich an deren hinteres Ende als ein längliches Oval ansetzt und zahlreiche Querfurchen trägt. — Die Nasengaumenspalten erscheinen in ihrem Haupttheil als je zwei durch einen engen Schlitz mit einander verbundene kleine Löcher, deren vorderes an der Grenze zwischen den beiden Abschnitten des Vomerpolsters liegt. Von ihm geht nach vorn ein schmaler Spalt aus, der die Ausmündung des JACOBSON'schen Organs vermittelt. Zuerst verläuft dieser Spalt annähernd sagittal, dann aber wendet er sich schräg nach aussen und schneidet in die Innenlippe ein. Die an ihrer Unterfläche mit zahlreichen Querfurchen versehenen Gaumenblätter sind breit und äusserst kräftig entwickelt. Sie erstrecken sich nach hinten fast in gleicher Länge mit dem Zahnbogen, während ihr lippenartig aufgeworfenes vorderes Ende bis an den Zwischenkieferknopf reicht. Von der Innenlippe sind die Gaumenblätter deutlich durch eine Furche getrennt; ebenso setzt sich ihr hinterer Rand scharf von dem Palatopterygoidfeld ab. Letzteres wird seiner ganzen Länge nach durch die Nasengangscheide und einen von dieser nach hinten sich erstreckenden medianen Wulst halbirt. Da jede Hälfte des Palatopterygoidfelds sich mit ihrem verdickten medialen Rand zum grössten Theil bis auf einen engen Spalt an diesen Wulst anlegt, verschwindet an der Munddecke von *Uromastix* die bei den übrigen Agamiden auftretende breite Mittelfurche vollständig. Nur eine mächtige Sphenoidbucht bleibt bestehen, wodurch die beiden Hälften des Palatopterygoidfelds in ihren hintern Partien weit von einander getrennt werden.

Eine erheblich grössere Uebereinstimmung als in den Mundweichtheilen besteht zwischen *Uromastix* und den andern Agamiden hinsichtlich des Baues der knöchernen Munddecke. Die Maxillaria sind kräftig und tragen ziemlich breite Gaumenfortsätze, die sich vorn mit einer kleinen Spitze berühren. Hierdurch wird das unpaarige schmale Zwischenkieferbein, dem eine Horizontallamelle gänzlich fehlt, von den beiden Pflugscharbeinen getrennt. Diese bilden zwei schmale Knochenblätter, die sich mit ihrer vordern Partie keilartig zwischen die Gaumenfortsätze der Maxillaria einschieben. Sie liegen vorn annähernd horizontal und stossen daselbst ein kurzes Stück zusammen, weiter nach hinten aber divergiren sie und sind dachartig gegen einander geneigt. Eine kleine, von aufgeworfenen Kanten umgrenzte Oeffnung vorn am lateralen Rand der Vomeres bezeichnet den Ort der Ausmündung des JACOBSON'schen Organs. Nach hinten werden die Pflugscharbeine durch zwei lange Fortsätze der Palatina begrenzt, die gleich den erstern aufwärts geneigt sind, während die eigentlichen Gaumenbeinkörper mehr eine flache Lage haben. Letztere sind vorn erheblich breiter als hinten und längs ihres lateralen Rands stark leistenartig verdickt. Ihr vorderer, weit ausgebuchteter Theil bildet die hintere Begrenzung der lang gestreckten und breiten innern Nasenöffnungen. Eine Berührung der Palatina unter sich findet nicht statt, vielmehr bleiben dieselben durch die nach hinten an Breite beträchtlich zunehmende Palatopterygoidspalte weit von einander getrennt. Gleiches gilt auch von den Flügelbeinen, die sich mit einem breiten Fortsatz an die Transversa anlehnen und die Palatina medianwärts eine weite Strecke umsäumen. Leistenbildungen, wie bei den übrigen Agamiden, finden sich hier nicht.

Von grossem Einfluss auf die Ausbildung der Mundweichtheile sind bei *Uromastix* die zahlreichen Drüsen, die sich in verschiedene, getrennte Lager sondern. Die Aussenlippe ist vollständig durchzogen von zusammengesetzten tubulösen Drüsen, welche in ein nur spärliches Bindegewebsstroma eingebettet liegen. Ihre kurzen Ausführungsgänge münden an der medialen Seite der Lippe aus, in dem zwischen dieser und dem Zahnbogen befindlichen Spalt. Auch die Innenlippe ist mit Drüsen versehen, und zwar liegt in ihrem vordern Drittel jederseits eine grosse traubenförmige Drüse, deren lange Ausführungsgänge, getrennt von einander, auf dem Zwischenkieferknopf ausmünden. Eine weitere grosse traubenförmige Drüse mit einem langen, nach hinten gerichteten Ausführungsgang liegt im vordern Theil des Vomerpolsters, während dessen hintere Partie ein mächtiges Lager tubulöser Drüsen enthält, die von einem zarten Bindegewebsgerüst zusammengehalten werden und am Grunde der bereits erwähnten wellenförmigen Querfurchen ausmünden. Ganz ähnlichen Bau und eine ähnlich starke Anhäufung wie im Vomerpolster zeigen die Drüsen der Gaumenblätter; auch sie tragen in unverkennbarer Weise zur stärkern Ausbildung der von ihnen besetzten Weichtheile bei. Nicht minder deutlich tritt dies hervor bei einer weitern Gruppe von Drüsen, die sich längs des medialen Rands der beiden Hälften des Palatopterygoidfelds hinziehen und kurz hinter der Nasengangscheide auf dem medianen Längswulste in einander übergehen. Es sind zusammengesetzte tubulöse Drüsen, welche ihre kurzen Ausführungsgänge fast vertical nach unten senden.

An denjenigen Stellen der Munddecke, wo weder Knochen noch Drüsen zur stärkern Entfaltung der einzelnen Weichgebilde beigetragen haben, bestehen die letztern im Wesentlichen aus Bindegewebe und Epithel. Vorwiegend ist dies der Fall bei den hintern Partien der Innenlippe und dem drüsenfreien Theil des Palatopterygoidfelds.

Von erheblich geringerem Einfluss auf die Gaumenbildung als die vorbenannten Factoren ist ein Knorpel, der in den Gaumenblättern auftritt. Seinen Ausgang nimmt derselbe in sämmtlichen von mir beobachteten Fällen von der Knorpelkapsel des JACOBSON'schen Organs, indem er entweder hakenförmig aus dem Boden derselben oder als ein nach hinten gerichteter Fortsatz der Seitenwand jener Kapsel entspringt. Ich werde ihn deshalb kurz als „JACOBSON'schen Knorpel" bezeichnen. Nur in wenigen Familien erstreckt sich dieser Knorpelfortsatz nach hinten bis gegen die Mitte der innern Nasenöffnungen und darüber hinaus; er endigt gewöhnlich in einer Spitze, seltener gabelförmig. Bei *Calotes* ist der JACOBSON'sche Knorpel schmal und kurz, so dass er medialwärts den Gaumenfortsatz der Maxillare kaum überragt und nach hinten nicht einmal bis an den vordern Rand der innern Nasenöffnungen reicht; bei *Uromastix* hingegen ist er viel breiter und reicht auch bedeutend weiter nach hinten.

Iguanidae.

Unter den Iguaniden zeigt **Phrynosoma cornutum** den einfachsten Bau der Munddecke. Dieselbe ist seitlich und vorn von dicken Lippen umsäumt, entbehrt aber, in Folge äusserst schwach entwickelter Kaumuskeln, eines deutlichen Abschlusses nach hinten, wie wir solchen bei den andern Eidechsen vorfinden. Das an der vordern Munddecke gelegene Vomerpolster trägt in seiner ganzen Länge die spatelförmig gestaltete Vomerleiste. Es zerfällt in zwei annähernd ovale Abschnitte, von denen der vordere eine glatte, der hintere eine gefurchte Unterfläche besitzt. Die Nasengaumenspalten zeigen die gewöhnliche Form; ihr schmales vorderes Ende schneidet gegen die Innenlippe ein und dient der Ausmündung des JACOBSON'schen Organs, während ihr erweiterter hinterer Abschnitt ein Stück der innern Vorhöhlen des Nasengangs freilegt. Die schwach ausgebildeten

Gaumenblätter reichen nach hinten kaum über das Vomerpolster hinaus. Sie sind mit ihrem gebuchteten medialen Rand ein wenig nach oben gerichtet und mit welligen Längsfurchen versehen; ihr abgerundeter hinterer Rand hebt sich frei von dem Palatopterygoidfeld ab. Dieses ist von bedeutender Ausdehnung und grosser Einförmigkeit, die ausser durch kleine unregelmässige Aufwulstungen nur durch die, auch bei allen Iguaniden vorhandene, Nasengangscheide und einen tiefen medianen Spalt unterbrochen wird. Das vordere Ende des letztern reicht bis nahe an das Vomerpolster, nach hinten dagegen endigt er erst kurz vor den kleinen kommaähnlichen EUSTACHIschen Oeffnungen. Eine Sphenoidbucht, wie bei den übrigen Eidechsen, finden wir hier nicht.

Vergleichen wir mit diesen Weichtheilen wieder die knöcherne Munddecke, so lässt sich eine Aehnlichkeit zwischen beiden kaum feststellen. Der schmale Zwischenkiefer ist, wie bei allen Iguaniden, unpaarig und ohne jede Spur einer Horizontallamelle. Er wird nach hinten von den sich berührenden schmalen Gaumenfortsätzen der Maxillaria begrenzt und dadurch von den beiden Vomers getrennt. Diese legen sich in ihrer vordern Partie eine kurze Strecke weit an einander, während sie hinten stark divergiren. Jeder von ihnen zerfällt in einen schmalen vordern und einen breiten hintern Theil, dessen Ränder leistenartig verdickt sind. — Die innern Nasenöffnungen bilden zwei längliche Ovale, welche der knöchernen Munddecke fast quer vorlagern; sie laufen an ihrem hintern Ende spitz zu, besitzen dagegen vorn eine beträchtliche Weite. Die Palatina sind ausserordentlich breit und bilden mit den gleichfalls mächtigen Körpern der Flügelbeine den Haupttheil der knöchernen Munddecke. Beide Knochenpaare umschliessen mit ihren ziemlich steil aufwärts gerichteten medialen Rändern eine gewaltige Palatopterygoidspalte, die sich fast bis an das vordere Ende der Pflugscharbeine erstreckt. Gegen diese entsenden die Palatina kurze, gedrungene Fortsätze, die durch eine breite, schräg gegen die Mittellinie verlaufende Furche von den eigentlichen Gaumenbeinkörpern deutlich abgesetzt sind. Lateral von den letztern liegen die sehr kleinen, annähernd dreieckigen Foramina suborbitalia. Dieselben treten, im Gegensatz zu den bisher betrachteten Eidechsen und den übrigen Iguaniden, mit den Flügelbeinen nicht mehr in Berührung und werden nach hinten durch die sehr breiten Transversa begrenzt. An der Berührungsstelle mit diesen zeigen die Pterygoidea starke, nach unten gerichtete Fortsätze, die mit einer knopfartigen Verdickung endigen.

Ein ziemlich umfangreiches Lager acinöser Drüsen zieht sich von der vordern Partie des Palatopterygoidfelds nach hinten zu beiden Seiten der Medianfurche hin und verursacht kleine, unregelmässige Aufwulstungen. Im Verein mit einer beträchtlichen Bindegewebslage rufen diese Drüsen an der hintern Munddecke ein dickes Polster hervor, welches die Palatopterygoidspalte fast vollständig verschliesst, so dass von ihr nur jene mediane Furche übrig bleibt. Weitere Drüsen befinden sich an der Munddecke nicht; es betheiligen sich daher an der Bildung der übrigen Weichtheile nur noch das Bindegewebe und das Epithel. Ersteres kommt in dickern Lagen nur in den Lippen und dem Vomerpolster vor, während aus letzterem vorwiegend die Gaumenblätter gebildet sind.

Nicht ganz so einförmig wie bei *Phrynosoma*, aber in den wesentlichsten Punkten doch mit ihr übereinstimmend, ist die Bildung der weichen Munddecke von ***Sceloporus spinosus***. Ihre vordere Partie nimmt zum grössten Theil das breite ovale Vomerpolster mit seiner spindelförmigen Vomerleiste ein. Die Gaumenblätter sind nur sehr schwach ausgebildet; sie sind kurz vor ihrem hintern Ende am breitesten und verstreichen nach hinten allmählich gegen die Innenlippe bezw. gegen das Palatopterygoidfeld. Letzteres trägt vorn die sehr kurze Nasengangscheide, an welche sich nach hinten eine tiefe Medianfurche ansetzt, deren hintern Abschluss — im Gegensatz zu *Phrynosoma* — die breite aber flache Sphenoidbucht bildet. An der Grenze zwischen beiden hebt sich das Palatopterygoidfeld durch zwei, quer gegen die Innenlippe gerichtete Wülste scharf von dem hintersten Theil der Mundhöhle und den Kaumuskeln ab.

Aehnliche Verhältnisse treffen wir auch bei ***Urocentron azureum*** an, nur dass sich hier die tiefe Medianfurche des Palatopterygoidfelds nach hinten allmählich erweitert und ohne merkliche Abstufung in die Sphenoidbucht übergeht, während die hintere Begrenzung der Munddecke nicht mehr durch besondere Querwülste, sondern direct durch die Kaumuskelwülste erfolgt.

Den ausgeprägtesten Charakter unter den Iguaniden zeigt uns in Bezug auf den Bau der Munddecke ***Iguana tuberculata***. Die Lippen sind in normaler Weise entwickelt; ebenso treffen wir einen kleinen Zwischenkieferknopf an. Das breite Vomerpolster ist im ganzen oval geformt, im einzelnen aber lassen sich an ihm deutlich zwei verschiedene Abschnitte erkennen, von denen der kleinere vordere die Vomerleiste trägt. Der hintere Rand dieses Abschnitts ist scharf ausgebuchtet und lateral in zwei lange Zipfel ausgezogen, welche die grössere hintere Partie des Vomerpolsters zwischen sich fassen. Diese läuft nach hinten in eine stumpfe Spitze aus und wird von einer flachen medianen Furche durchzogen. Die Nasengaumenspalten sind schwach sichelförmig gekrümmt und von mässiger Breite. Ihr vorderes Ende schneidet fast rechtwinklig gegen die Innenlippe ein; es ist von glatten, aufgeworfenen Rändern eingefasst und bezeichnet die Ausmündungsstelle des JACOBSON'schen Organs. Von den innern Vorhöhlen des Nasengangs ist nur ein kleines Stück zu erkennen, den übrigen Theil derselben verdecken die Gaumenblätter. Diese sind verhältnissmässig schmal und haben eine gefurchte Unterfläche. Sie erstrecken sich nach hinten nur ein wenig weiter als das Vomerpolster und heben sich daselbst mit ihrem abgerundeten Rand frei von dem Palatopterygoidfeld ab. Durchzogen wird das letztere von zwei schwach S-förmig gekrümmten Leisten, welche mit einander eine lyraähnliche Figur bilden und gegen ihr hinteres Ende zahlreiche Pterygoidzähne tragen. Das von diesen Leisten umschlossene Mittelfeld trägt vorn die kurze, aber breite Nasengangscheide, während von hinten her die Sphenoidbucht mit einem schmalen Spalt in dasselbe einschneidet.

Die knöcherne Munddecke weicht von derjenigen der bisher betrachteten Eidechsen zunächst dadurch wesentlich ab, dass das Zwischenkieferbein einen wohl entwickelten Processus intermaxillaris besitzt, dessen zwei seitliche Blätter mit ihrem medialen Rand scharf nach unten umgerollt und keilartig zwischen die Gaumenfortsätze der Maxillaria eingeschoben sind. Letztere berühren sich in der Mittellinie nicht; sie sind im Ganzen sehr schmal und nur an ihrem vordern Ende etwas verbreitert. Ihr medialer Rand ist daselbst ebenfalls nach unten umgebogen und längs einer kurzen Strecke den Pflugscharbeinen angelagert. Diese bilden zwei breite, grosse Knochenblätter, die medianwärts fast in ihrer ganzen Länge zusammenstossen und eine tiefe Furche zwischen sich einschliessen. Nur an ihrem hintern Ende divergiren die Vomeres ein wenig, vorn dagegen lassen sie einen kurzen medianen Spalt frei, der sich an eine runde Oeffnung des Zwischenkieferfortsatzes anschliesst und mit dieser zusammen eine Lücke bildet, welche den sonst knöchernen Verschluss des darüber gelegenen Nasengangs nach unten hin durchbricht. Bedeckt wird diese Lücke in den Weichtheilen ausser von dem Nasenknorpel noch durch die denselben überziehenden Schleimhäute, deren stärkste Herabsenkung die Vomerleiste repräsentirt. Lateral trägt jedes Pflugscharbein ausser einer kleinen Einkerbung für die Ausmündung des JACOBSON'schen Organs noch eine tiefe Rinne für die Einmündung des Thränennasengangs in die Mundhöhle. Der mediale Rand dieser Rinne ist kammartig erhaben; er setzt sich nach vorn als eine flache Leiste fort und verstreicht nach hinten allmählich längs des lateralen Vomerrands. Die innern Nasenöffnungen erscheinen als zwei gewaltige Spalten, welche schwach sichelförmig nach aussen gebogen sind und tief in den vordern Theil der Palatina einschneiden. In Folge dessen entsenden die letztern je zwei breite Fortsätze nach vorn, von denen sich die medialen an die Vomeres, die lateralen an die Maxillaria anlegen. Zwischen sich fassen diese beiden Fortsätze jedes Gaumenbeins noch eine breite Rinne, die gegen die eigentlichen Körper der Palatina scharf abgesetzt ist und sich nach hinten etwas abflacht. Der mediale Rand dieser Rinne bildet eine breite, niedrige Knochenleiste, welche von den Vomeres bis auf die Flügelbeine reicht, wo sie gleichsam den Sockel für die Pterygoidzähne liefert. Eine relativ schmale, bis an die Vomeres reichende Palatopterygoidspalte trennt sowohl die Gaumen- als auch die Flügelbeine von einander.

Zahlreiche Drüsen tragen zur Ausbildung der Mundweichtheile bei. Die Aussenlippe wird in ihrer ganzen Ausdehnung von alveolären Drüsen durchzogen, deren kurze Ausführungsgänge theils an der Unterseite der Lippe, theils in den zwischen dieser und dem Zahnbogen befindlichen Spalt ausmünden. Auch die Innenlippe enthält ein grosses Drüsenlager, das aber auf den Bereich der Maxillaria beschränkt bleibt, mithin aus zwei getrennten Gruppen besteht. Die einzelnen Drüsen sind acinös und haben weite, nach unten gerichtete Ausführungsgänge. Sie bilden nur eine einzige Schicht, liegen deutlich von einander getrennt und senken sich gleichsam in das mächtige Bindegewebe ihrer Unterlage ein. Gleichfalls acinösen Bau zeigen die Drüsen, welche den hintern Abschnitt des Vomerpolsters einnehmen und mit ihren kurzen Ausführungsgängen fast senkrecht nach unten gerichtet sind. Sie häufen sich besonders stark an gegen das hintere Ende der Nasengaumenspalten und verschwinden erst allmählich auf der Nasengangscheide. Eine weitere Gruppe acinöser Drüsen überzieht die hintern Theile der zahntragenden Leisten des Palatopterygoidfelds, während dessen übrige Partien drüsenfrei bleiben. Für diese bildet fast ausschliesslich das Epithel den Ueberzug der dazu gehörigen Knochen, dagegen betheiligt sich bei den Gaumenblättern ausser dem Epithel auch noch eine mässig dicke Bindegewebsschicht an deren Ausbildung. In weit stärkern Lagen treffen wir aber das

Bindegewebe in der Innenlippe und dem vordern Theil des Vomerpolsters an.

Der JACOBSON'sche Knorpel ist bei *Iguana* nur äusserst schwach entwickelt und fast ganz ohne Einfluss auf die Gaumenblätter. Wesentlich breiter ist derselbe bei *Phrynosoma*, wo er mit seinem freien Rand medianwärts über den Horizontalfortsatz des Maxillare hinwegragt; doch endigt er auch hier bereits vor dem vordern Rand der innern Nasenöffnungen.

Zwischen dieser charakteristischen Ausbildung der Munddecke von *Iguana tuberculata* und den früher betrachteten einfachern Formen der Iguaniden bieten uns **Polychrus marmoratus** und **Ctenosaura acanthura** gewisse Uebergangsstufen. Bei der letztern Species stimmt die Munddecke in ihrem Bau fast vollkommen mit *Iguana* überein und weist nur ganz unerhebliche Abweichungen von dieser auf. Auch *Polychrus* nähert sich im Ganzen der *Iguana*-Form, zeigt aber andrerseits eine gewisse Aehnlichkeit mit *Urocentron*, von dem er sich jedoch in so fern wesentlich unterscheidet, als bei *Polychrus* die langen Leisten des Palatopterygoidfelds und ein deutlicher Processus intermaxillaris vorhanden sind, während diese Gebilde bei *Urocentron* fehlen.

An der Munddecke von **Metopoceros cornutus**[1]) sind die einzelnen Partien verhältnissmässig weit mehr in die Länge gezogen als bei *Iguana*, zeigen aber trotzdem deren Typus in nicht zu verkennender Weise. Der breite Zwischenkieferknopf grenzt mit seinem hintern Rand direct an das mächtige Vomerpolster, das sich in ganz entsprechender Weise wie bei *Iguana* in zwei scharf unterschiedene Abschnitte sondert. Von den lang gestreckten Nasengaumenspalten ist nur der vorderste Theil sehr schmal und hakenförmig nach aussen umgebogen; ihr hinteres Ende dagegen hat eine beträchtliche Weite. Relativ schmal und gleichfalls lang gestreckt sind die Gaumenblätter, die an ihrer Unterfläche zahlreiche Furchen tragen; nur der lippenartig aufgeworfene mediale Rand bleibt von diesen frei. Lateral und vorn sind die Gaumenblätter in deutlicher Weise von der Innenlippe abgesetzt, nach hinten dagegen verstreichen sie kurz vor dem äussersten Ende der Nasengaumenspalten ziemlich plötzlich gegen das Palatopterygoidfeld. Dieses trägt in seiner vordern Hälfte lateral zwei tiefe

---

1) Von dieser Art hat mir nur ein Kopf vorgelegen, dem die Haut abgezogen war.

Furchen, die von der Mundhöhle zum Nasengang hinaufführen und ein langes Mittelstück zwischen sich fassen. Letzteres grenzt vorn an das Vomerpolster und trägt die lang gestreckte Nasengangscheide, die sich als ein breiter, flacher Kamm nach hinten bis an die Sphenoidbucht erstreckt. Lateral von dieser erhebt sich auf dem Palatopterygoidfeld jederseits eine kräftige, zahntragende Leiste, deren hintern Abschluss die mächtigen Kaumuskelwülste bilden.

Teiidae.

Als Repräsentanten der Teiiden habe ich *Ameiva vulgaris* und *Tupinambis teguixin* untersucht. Bei beiden Gattungen ist die Aussenlippe in gewöhnlicher Weise entwickelt, dagegen weicht die Innenlippe in so fern ein wenig von der allgemeinen Form ab, als sie sich jederseits in zwei ungleich grosse Abschnitte sondert, deren hinterer die Lippenfalte trägt, während der vordere sich zu einem starken Wulst verdickt. Bei *Ameiva* grenzt dieser lateral an die keilförmige Vomerleiste und den vordersten Theil des relativ grossen Vomerpolsters. Letzteres ist äusserst lang gestreckt, so dass sein spitz auslaufendes hinteres Ende noch ein wenig über die hintersten Maxillarzähne hinausreicht. Von unten gesehen, hat es annähernd die Gestalt eines breiten Kiels, der in seinem vordern Drittel zahlreiche, schräg gegen die Mittellinie gerichtete Furchen trägt. An seinem vordern Ende zeigt das Vomerpolster jederseits einen engen, sichelförmigen Schlitz, dessen medialer Rand lippenartig aufgeworfen erscheint, während der laterale durch jenen Wulst der Innenlippe gebildet wird. Durch diese Spalten münden die JACOBSON'schen Organe aus. Jede dieser Oeffnungen setzt sich nach hinten als eine seichte Furche fort, die zu den Nasengaumenspalten hin führt; sie treten mit diesen selbst aber nicht in Verbindung, sondern bleiben von ihnen durch eine breite Gewebsbrücke getrennt. Die Nasengaumenspalten sind im Ganzen sehr eng und haben einen von oben nach unten schräg gegen die Mittellinie gerichteten Verlauf. Nur ihr hinterer Abschnitt ist mächtig erweitert, so dass ein grosses Stück von den innern Vorhöhlen des Nasengangs sichtbar bleibt. Die Gaumenblätter sind sehr wenig ausgebildet und erheblich kürzer als das Vomerpolster, dem sie mit ihrem verdickten medialen Rand aufliegen. Sie reichen nach hinten ungefähr bis an die Mitte der Lippenfalte, während sie vorn an der Grenzfurche der beiden Innenlippenwülste endigen. Nur einen verhältnissmässig kleinen Theil von der lang gestreckten Munddecke nimmt das Palatopterygoidfeld ein. Dasselbe wird der Länge nach von der breiten Sphenoidbucht durchschnitten und zeigt an den medialen Rändern seiner beiden Hälften eine schwache Leistenbildung mit einer kleinen, knopfartigen Auftreibung in deren Mitte.

An der knöchernen Munddecke finden wir nur sehr schmale Gaumenfortsätze der Maxillaria, die hinter dem unpaarigen Zwischenkieferbein zusammenstossen und dieses dadurch von den beiden Vomeres trennen. Letztere bilden lang gestreckte Knochenblätter, die sich in ihrer ganzen Länge an einander legen. Der laterale Rand jedes Blattes ist stark ausgebuchtet und für den Austritt des JACOBSON'schen Organs vorn mit einer kleinen Einkerbung versehen, deren Rand eine dünne Knochenleiste säumt. Nach hinten schieben sich die Pflugscharbeine keilartig zwischen die Palatina ein. Diese sind verhältnissmässig schmal und besitzen lateral wie medial stark nach unten umgebogene Ränder, so dass ihre vordere Partie eine tiefe Rinne bildet, die von der hintern Munddecke allmählich zu den innern Nasenöffnungen empor führt. Jede dieser Oeffnungen erscheint als eine breite, längliche Spalte, die nach vorn spitz zuläuft und an der Ausmündungsstelle des JACOBSON'schen Organs endigt. Eine Berührung der Palatina findet nur in ihrer vordern Hälfte statt, wobei sie eine tiefe Furche zwischen sich fassen; weiter nach hinten trennen sie sich und schliessen mit den Flügelbeinen die lang gestreckte, schmale Palatopterygoidspalte ein. Abweichend von den bisher betrachteten Eidechsen ist hier das Verhalten der Transversa, in so fern dieselben längs des medialen Rands der Maxillaria einen breiten Fortsatz nach vorn entsenden und dadurch mit den Palatina in Berührung treten. Auf diese Weise werden die Maxillaria von der Umgrenzung der Foramina suborbitalia gänzlich ausgeschlossen, so dass hieran nur die Palatina, Pterygoidea und Transversa Theil nehmen.

An Drüsen zeigt die Munddecke von *Ameiva* zwei grössere Lager, von denen das eine den maxillaren Theil der Innenlippe, das andere die hintern Partien des Vomerpolsters durchzieht. Die Drüsen der Innenlippe bilden weite Tubuli; sie liegen in ein dickes Bindegewebe eingebettet und besitzen lange, schräg nach innen gerichtete Ausführungsgänge. Das andere Drüsenlager erstreckt sich über die hintern zwei Drittel des Vomerpolsters und zwar von der Stelle an, wo die oben erwähnten Furchen endigen. Die acinösen Drüsen werden durch ein kräftiges Bindegewebsstroma zusammengehalten und liegen fast ausschliesslich dem medialen Theil der Pflugscharbeine auf; sie verlieren sich erst allmählich gegen das hintere Ende des Vomerpolsters.

Den Einfluss beider Drüsengruppen auf die kräftigere Entwicklung der von ihnen durchzogenen Weichtheile erkennen wir aus den Schnittpräparaten aufs deutlichste, in so fern die drüsenfreien Partien der Munddecke eine nur mässige Stärke erlangen. An ihrer Ausbildung betheiligen sich wiederum nur das Bindegewebe und das Epithel; letzteres überwiegt besonders in den Gaumenblättern und auf dem Palatopterygoidfeld. Der JACOBSON'sche Knorpel ist auch hier nicht sehr breit. Er überragt medianwärts die Gaumenfortsätze der Maxillaria nur ein wenig und endigt hinten schon eine Strecke weit vor dem vordern Ende der innern Nasenöffnungen. Seine Einwirkung auf die Gaumenblätter ist daher bedeutungslos.

Analoge Verhältnisse wie bei *Ameiva* bestehen auch bei *Tupinambis*; ich kann mich daher auf die Hervorhebung einzelner Abweichungen beschränken. Die Lippenfalte von *Tupinambis* ist relativ weit schwächer ausgebildet als bei *Ameiva*, und auch der vordere Innenlippenwulst zeigt nicht die scharfe Ausprägung wie dort. Statt dessen ist die kurze Vomerleiste gegen ihr hinteres Ende jederseits von einem kleinen, bogenförmigen Kamm begleitet, der die Ausmündungsstellen des JACOBSON'schen Organs lateral begrenzt. Auch hier sind diese durch eine breite Gewebsbrücke von den engen Nasengaumenspalten getrennt. Letztere zeigen in ihrem vordern Abschnitt eine kleine Erweiterung, die von einem winzigen, zungenförmigen Läppchen der Gaumenblätter verdeckt wird und der Ausmündungsstelle des Thränennasengangs anderer Eidechsen entspricht. Ob aber bei *Tupinambis* gerade an dieser Stelle der Austritt jenes Canals erfolgt, vermochte ich nicht näher festzustellen, da ich Schnittpräparate nicht anfertigen konnte. — Die Gaumenblätter besitzen, obwohl die übrigen Theile der weichen Munddecke hier verhältnissmässig weit gedrungener gebaut sind als bei *Ameiva*, eine bedeutend kräftigere Ausbildung als dort, und zwar gilt dies von ihrer Breite wie Länge. Mit ihrem vordern Abschnitt liegen sie dem lang gestreckten Vomerpolster auf, übertreffen dasselbe aber bedeutend an Länge und endigen nach hinten erst auf dem Palatopterygoidfeld an der vordern Grenze zweier flachen Gruben, die den Foramina suborbitalia der knöchernen Munddecke entsprechen. Eine Leistenbildung längs der Berandung der Sphenoidbucht ist hier nicht zu erkennen, dagegen treten die beiden knopfartigen Polster zu beiden Seiten der letztern besonders scharf hervor.

Fast noch grösser als in den Weichtheilen ist die Uebereinstimmung zwischen *Tupinambis* und der vorigen Form in der knöchernen Munddecke. Die Gaumenfortsätze der Maxillaria erlangen hier jedoch besonders in ihrem vordern Drittel eine weit grössere Breite, und auch der sich an dieselben anlehnende laterale Rand der Palatina zeigt eine viel schärfere Ausprägung, so dass er eine Art Gaumenleiste bildet, die sich als eine nach hinten erstreckende Verlängerung der maxillaren Gaumenfortsätze auf die Palatina hinzieht. Die Palatopterygoidspalte ist bedeutend erweitert und erstreckt sich nach vorn bis zwischen die Vomeres, dagegen stellt der mit den Palatina in Berührung tretende Fortsatz der Transversa nur eine dünne Knochenspange dar. In allen übrigen Stücken sind die Verhältnisse im Bau der Munddecke bei beiden Vertretern der *Teiidae* annähernd dieselben.

Varanidae.

Die Familie der *Varanidae* ist bei meinen Untersuchungen durch **Varanus griseus, V. salvator, V. indicus** und **V. bengalensis** vertreten, doch habe ich wegen der grossen Uebereinstimmung sämmtlicher Species im Munddeckenbau nur von der zuerst genannten Art Schnittpräparate hergestellt.

Bei *V. griseus* ist die Lippenfalte sehr breit und im ganzen Bereich der Maxillaria durch eine tiefe Furche scharf von der eigentlichen Innenlippe abgesetzt. Diese besitzt eine nur mässige Dicke und trägt an ihrem untern Rand zahlreiche kleine Einkerbungen, so dass sie dadurch perlschnurartig gesäumt erscheint. Der breite Zwischenkieferknopf ist vorn und lateral von den benachbarten Weichtheilen deutlich durch eine Furche getrennt, nach hinten dagegen führt er ohne merkliche Abstufung zur Vomerleiste und damit zugleich zum Vomerpolster hinüber. Letzteres gleicht im Ganzen einem hohen, gleichschenkligen Dreieck, das durch eine kleine Querleiste in zwei ungleich grosse Abschnitte zerlegt wird. Das kleinere vordere Stück trägt einen kräftigen medianen Wulst, der es seiner ganzen Länge nach halbirt, während der grössere hintere Abschnitt ausser einem kleinen medianen Zäpfchen noch warzenähnliche Auftreibungen zeigt, die sich nach hinten jederseits in einem Bogen bis an die Lippenfalte erstrecken. Lateral wird das Vomerpolster von leistenartig verdickten Rändern eingefasst; dieselben biegen an ihrem hintern Ende fast quer nach aussen um und verschwinden schliesslich unter der Lippenfalte. Abweichend von allen übrigen Eidechsen und in so fern auffallend ist das Verhalten der Communicationsöffnungen zwischen dem Nasengang und der Mundhöhle, indem an Stelle der bisher betrachteten, fast durchweg engen Nasengaumenspalten sich hier jederseits des Vomerpolsters ein lang gestrecktes, weites Loch befindet. Durch dieses überblickt man nicht nur die innern Vorhöhlen des Nasengangs in ihrer ganzen Ausdehnung, sondern man gewahrt in deren oberm Theil auch noch ein Stück der Nasenmuschel selbst. Ihren äussern Grund findet diese abweichende Erscheinung in dem eigenthümlichen Verhalten der Gaumenblätter, in so fern dieselben an der Begrenzung jener Oeffnungen keinen Theil haben. Die Gaumenblätter besitzen nämlich nur in dem vordern Bereich der Munddecke eine nennenswerthe Breite, sind dabei aber eigenartig modificirt. Ihr vorderer, mit zahlreichen Querfurchen versehener Abschnitt legt sich medianwärts dem Zwischenkieferknopf an; sobald er diesen verlässt, gabelt sich sein freier Rand und umschliesst ein kleines Feld mit 5—6 schmalen, schräg gegen die Innenlippe gerichteten Furchen. Kurz hinter diesen liegen die Ausmündungsstellen des Jacobson'schen Organs, jede als ein isolirter sichelförmiger Schlitz, dessen lippenartig aufgeworfene Ränder die Gaumenblätter bilden. Von hier ab wendet sich jedes Gaumenblatt in einem ziemlich kurzen Bogen gegen die Lippenfalte, unter der es längs der lateralen Wand der betreffenden innern Vorhöhle des Nasengangs allmählich ganz verstreicht. Den grössten Theil der Munddecke umfasst das Palatopterygoidfeld mit der breiten Sphenoidbucht, deren gegen die Mittellinie vorgewölbte Seitenwände einen Theil des Bodens der Augenhöhlen bilden.

Aehnliche Besonderheiten wie in den Weichtheilen zeigt der Munddeckenbau von *V. griseus* auch im Knochen. Die langen, fast parallel zu einander gerichteten Maxillaria sind in ihrer vordern Hälfte medianwärts zu breiten, dünnen Knochenplatten ausgezogen, so dass man bei oberflächlicher Betrachtung den Eindruck gewinnt, als besässen sie dort wohl entwickelte Gaumenfortsäte. Diese fehlen jedoch vollständig, und was event. irrthümlich dafür gehalten werden könnte, sind die Maxillaria selbst, die sich mit ihren wellenförmig gebuchteten und ein wenig nach unten umgerollten Rändern dem breiten Zwischenkiefer und den Pflugscharbeinen anlegen. Jener ist unpaarig. Er besitzt einen langen Processus vomero-maxillaris, der an seiner Unterfläche eine kräftige Spina trägt und nach hinten in zwei seitlichen Zipfeln endigt. Zwischen diese schieben sich die beiden lang gestreckten Pflugscharbeine keilartig ein. Dieselben stossen vorn eine Strecke weit zusammen und bilden dadurch eine niedrige Crista, in ihrer hintern Hälfte aber divergiren sie und endigen erst in gleicher Linie mit den hintersten Maxillarzähnen. Jedes Vomerblatt bildet eine lange Knochenspange, deren Ränder steil aufwärts gerollt sind, so dass ihre obere Fläche grössten Theils rinnenförmig gestaltet ist, während die untere

Fläche, mit Ausnahme des vordern Drittels, convex gebogen erscheint. Letzteres trägt lateral für die Ausmündung des JACOBSON'schen Organs einen weiten Ausschnitt, längs dessen aufgeworfener Berandung sich medianwärts eine starke Knochenleiste derart hinzieht, dass zwischen beiden eine breite Rinne für die Einmündung des Thränennaseucanals in die Mundhöhle frei bleibt. Nach hinten verliert sich diese Rinne allmählich gegen das vordere Ende der innern Nasenöffnungen. Abweichend von den übrigen Eidechsen liegen diese von den Ausmündungsstellen des JACOBSON'schen Organs nicht nur in den Weichtheilen deutlich getrennt, wie bei den *Teiidae*, sondern es besteht hier zwischen beiden auch noch eine breite Knochenbrücke, die von den Vomeres und den Maxillaria gebildet wird. Letztere nehmen ungefähr von ihrer Mitte an erheblich an Breite ab, wodurch die lang gestreckten innern Nasenöffnungen eine beträchtliche Grösse erlangen. Den hintern Abschluss von diesen bilden die schmalen und auffallend kurzen Palatina. Dieselben grenzen nach hinten einerseits an die langen Pterygoidea, andrerseits an die Transversa, mit denen zusammen sie die grossen Foramina suborbitalia umschliessen. Eine gewaltige Palatopterygoidspalte trennt sowohl die Gaumen- wie die Flügelbeine von einander. Noch zwei weitere Oeffnungen an der knöchernen Munddecke verdienen hier kurz erwähnt zu werden, da sie ausser bei den Varaniden nur noch bei den Anguiden auftreten und in so fern als besondere Eigenthümlichkeit im Munddeckenbau dieser beiden Eidechsenfamilien gelten müssen. Es sind dies zwei mässig grosse Löcher, die scheinbar nur grösseren Gefässen zum Durchtritt dienen; sie werden vom Zwischenkiefer und den Maxillaria umgrenzt und mögen als Foramina intermaxillaria bezeichnet werden.

Die Betheiligung von Drüsen an der Ausbildung der Mundweichtheile ist nicht sehr ausgedehnt, in so fern sich nur zwei selbständige Lager derselben vorfinden. Von diesen erstreckt sich das eine längs des ganzen Zahnbogens durch die Innenlippe, während das andere das Vomerpolster und den vordern Rand des Palatopterygoidfelds einnimmt, wo es die oben erwähnten warzenähnlichen Auftreibungen hervorruft. Die Drüsen beider Lager sind acinös und besitzen kurze, nach unten gerichtete Ausführungsgänge. Das sie umgebende Bindegewebe zeigt eine nur mässige Dicke, ist aber immerhin mächtiger als die Bindegewebslagen an andern Stellen der Munddecke. Ueberhaupt ist die Polsterung der knöchernen Munddecke relativ sehr dünn, so dass sie vielfach bis auf eine spärliche Bindegewebsschicht nur von dem Epithel hergestellt wird; besonders gilt dies von der Lippenfalte, den Gaumenblättern und dem weitaus grössten Theil des Palatopterygoidfelds.

Grosse Uebereinstimmung mit *V. griseus* zeigt hinsichtlich des Baues der Munddecke *V. bengalensis*. Die Lippenfalte erstreckt sich jedoch nicht bis in den Bereich des Zwischenkiefers, sondern verstreicht bereits hinter demselben ziemlich plötzlich gegen die Innenlippe. Die Vomerleiste ist ein wenig schmäler, und auch die Gaumenblätter treten noch weniger hervor als dort. Besonders ihrem medialen Rand fehlt die scharfe Ausprägung, was auch von den Leisten und den warzenähnlichen Gebilden des Vomerpolsters gilt. — Bei *V. salvator* treten die letztern wieder schärfer hervor; ebenso zeigt das breite Palatopterygoidfeld ziemlich regelmässige Reihen von Drüsenanhäufungen. Die Lippenfalte dieser Species ist ausserordentlich breit und an der Unterseite mit zahlreichen Längsfurchen versehen. Sie zeigt ein ähnliches Verhalten wie bei *V. griseus*, während die Vomerleiste und die Gaumenblätter mehr an *V. bengalensis* erinnern. Das Vomerpolster trägt zwar kräftige Randleisten, entbehrt jedoch der medianen Wülste gänzlich. Gleiches gilt für *V. indicus*, dessen Mundweichtheile gegenüber den complicirten Bildungen der andern Varaniden eine gewisse Einfachheit aufweisen. Die breite Lippenfalte ist weit nach aussen zurückgeschlagen und verstreicht vorn allmählich gegen den Zwischenkieferknopf. Letzterer setzt sich aus zwei Theilen zusammen. Von diesen besteht der vordere Abschnitt aus einer doppelten knopfartigen Verdickung, der sich lateral je zwei bogenförmige Wülste anschliessen, während der hintere Abschnitt eine mässig breite, keilförmige Platte bildet, deren verdickter Rand sich hinten von der kurzen Vomerleiste, lateral aber durch eine tiefe Furche von der vordern Partie der Gaumenblätter absetzt. Diese, wie auch die übrigen Stücke der Munddecke, stimmen im Wesentlichen mit den entsprechenden Theilen der andern Varaniden überein, erscheinen jedoch in Folge ihrer glatten Unterfläche etwas einförmiger als dort. Die bei *V. griseus* ausführlich besprochene eigenthümliche Blosslegung der innern Vorhöhlen des Nasengangs findet sich übereinstimmend bei allen Varaniden wieder, obgleich bei den einzelnen Species die Lage der äussern Nasenöffnungen eine sehr verschiedene ist. Bei *V. griseus* liegen die letztern nämlich fast unmittelbar vor den Augen, bei *V. salvator* und *V. indicus* an der Schnauzenspitze und bei *V. bengalensis* ungefähr in der Mitte zwischen beiden Stellungen; trotz dieser äussern Abweichungen ist aber das Verhalten der innern Vorhöhlen des Nasengangs in Bezug auf den Bau der Munddecke bei allen Species das gleiche.

Anguidae.

Die stark gewölbte Munddecke von *Anguis fragilis* trägt seitlich eine auffallend breite Lippenfalte, welche im Bereich des Zwischenkiefers ziemlich plötzlich verstreicht. Das Vomerpolster nimmt fast die ganze vordere Partie der Munddecke ein. Es zerfällt in einen schmalen vordern und einen breiten hintern Theil; jener trägt die kurze Vomerleiste, dieser hingegen wird durch eine breite mediane Rinne in zwei Felder getheilt, deren Umrandung leistenartig verdickt ist. Die Nasengaumenspalten sind schmal und S-förmig gekrümmt; ihr vorderes, an der Grenze der beiden Abschnitte des Vomerpolsters gelegenes Ende dient der Ausmündung des JACOBSON'schen Organs. Die nur schwach entwickelten Gaumenblätter ragen nach hinten kaum über das Vomerpolster hinaus, mit dem sie vorn verwachsen. Ihre untere Fläche ist mit zahlreichen Längsfurchen versehen, die dem doppelt gebuchteten medialen Rand parallel laufen. Der hintere Rand der Gaumenblätter bleibt frei und hebt sich deutlich von dem Palatopterygoidfeld ab. Dieses erreicht eine relativ bedeutende Grösse, doch nimmt seinen Haupttheil die Sphenoidbucht ein, die an ihrem Grunde zahlreiche Falten aufweist. Die lateralen Partien des Palatopterygoidfelds erscheinen als breite, schwach gekrümmte Längswülste, welche sich nach hinten allmählich verjüngen und mit den mässig starken Kaumuskeln endigen.

An der knöchernen Munddecke zeigt der verhältnissmässig breite Zwischenkiefer in der Mitte seines zahntragenden Bogens einen langen Processus vomero-maxillaris, der sich nach hinten keilartig zwischen die Pflugscharbeine und Gaumenfortsätze der Maxillaria einfügt. Letztere sind im Ganzen gut ausgebildet und vorn sowie bei ihrer Anlehnung an die Gaumenbeine zu einer kleinen, vorspringenden Knochenplatte verbreitert. Sie besitzen an ihrem vordern Ende eine kleine Ausbuchtung und legen sich dem Zwischenkieferbein bezw. dessen Fortsatz derart an, dass jederseits ein deutlich wahrnembares Foramen intermaxillare entsteht, welches grossen Gefässen zum Durchtritt dient. An der Umgrenzung dieser Oeffnungen betheiligen sich die Vomeres nicht. Diese gleichen zwei länglichen Knochenblättchen, die nur vorn ein kurzes Stück an einander stossen, nach hinten aber divergiren. Der mediale Rand jedes dieser Blättchen ist leistenartig verdickt und verläuft annähernd sagittal, während der dünne laterale Rand nach oben gewendet ist und vorn eine grosse Einbuchtung trägt, welche die Ausmündungsstelle des JACOBSON'schen Organs aufnimmt. Die innern

Nasenöffnungen erscheinen als zwei breite, nach aussen convexe Spalten von mässiger Länge, deren hintern Abschluss die Palatina bilden. An diesen sind die lateralen wie medialen Ränder vorn stark verdickt, wodurch der vordere Theil jedes Gaumenbeins zu einer tiefen Rinne umgebildet wird, die zu den innern Nasenöffnungen hin führt. Besonders der laterale Rand der Palatina ist zu einem kräftigen Knochenkamm entwickelt, der gleichsam die nach hinten gerichtete Verlängerung der Gaumenfortsätze der Maxillaria bildet. Eine Berührung der Palatina unter sich findet nicht statt, vielmehr werden sie, gleich den lang gestreckten Flügelbeinen, durch die breite, bis zwischen die Vomeres reichende Palatopterygoidspalte weit von einander getrennt. Die Foramina suborbitalia sind auffallend gross; sie werden von den Maxillaria, Palatina und Transversa umschlossen, doch erfolgt eine Berührung zwischen den beiden letztern Knochenpaaren im Gegensatz zu den *Teiidae* und *Varanidae* hier nicht.

Das Vorkommen von Munddeckendrüsen beschränkt sich nach meinen Befunden auf das Vomerpolster, dessen vorderer Abschnitt eine kleine Gruppe tubulöser Drüsen mit kurzen, nach unten gerichteten Ausführungsgängen aufweist. Von einer paarigen Gaumendrüse, welche Leydig auf dem Vomerpolster von *Anguis* gefunden zu haben glaubte und die er auch abbildete, finde ich ebenso wenig etwas wie Reichel; ich kann vielmehr die hierauf bezüglichen Angaben des letztern im Wesentlichen bestätigen.

Wenn trotz dieses Drüsenmangels die Polsterung der knöchernen Munddecke bei *Anguis* eine verhältnissmässig starke ist, so rührt dies von den bald mehr, bald weniger dicken Bindegewebslagen her, die sich in den einzelnen Weichtheilen vorfinden. Nur spärlich vorhanden ist das Bindegewebe auf der medialen und hintern Partie des Palatopterygoidfelds, wo vornehmlich das Epithel die Bekleidung der Mundhöhle bildet.

Unverkennbaren Einfluss auf den vordern Theil der Gaumenblätter übt der Jacobson'sche Knorpel aus, der hier weit kräftiger entwickelt ist als bei der vorigen Form. Derselbe säumt nämlich nicht nur den Gaumenfortsatz des Maxillare, sondern legt sich medianwärts breit vor diesen und treibt die Gaumenblätter lippenartig vor sich her; er endigt jedoch schon vor dem vordern Rand der innern Nasenöffnungen.

Bei **Ophisaurus pallasi** zeigt die Munddecke in den Weichtheilen und Knochen ganz analoge Verhältnisse wie bei *Anguis*, nur in etwas gestreckterer Form. Abweichend ist hier jedoch das Vorkommen zahlreicher kleiner Zähnchen, die sich vom hintern Theil des Palatopterygoidfelds zu beiden Seiten der Sphenoidbucht bis gegen die Mitte des Vomerpolsters hinziehen, wo sie fast ganz in den Weichtheilen versteckt liegen. Wie der macerirte Schädel zeigt, bilden diese Zähnchen drei gesonderte Gruppen, von denen je eine den Pterygoidea, den Palatina und den Vomeres angehört.

Lacertidae.

Die einzelnen Species der Familie der *Lacertidae* zeigen in ihrem Munddeckenbau eine dermaassen grosse Uebereinstimmung, dass ich mich bei der Anfertigung von Schnittpräparaten mit einer einzigen Art habe begnügen können. Mit Rücksicht auf das mir zur Verfügung stehende Material habe ich hierzu **Lacerta ocellata** gewählt; ausserdem habe ich noch **L. viridis, L. agilis, L. muralis, L. vivipara** und **Eremias rubropunctatus** in meine Untersuchungen mit hineingezogen.

Die eigentliche Innenlippe von *Lacerta ocellata* erlangt gegen ihr hinteres Ende eine beträchtliche Dicke und hebt sich von der breiten Lippenfalte durch eine schmale Furche ziemlich scharf ab. Sie trägt vorn einen mässig dicken Zwischenkieferknopf, dessen nach hinten gerichtete Fortsetzung die lang gestreckte Vomerleiste bildet. Diese endigt gabelförmig kurz vor dem hintern Rand des ebenfalls lang gestreckten Vomerpolsters. Letzteres gleicht im Ganzen einem breiten Rücken, der nach unten kielartig zuläuft und in seiner hintern Partie zu einer annähernd quadratischen, horizontalen Platte abgeflacht ist. Von den Nasengaumenspalten ist nur der vordere Theil, der der Ausmündung des JACOBSON'schen Organs dient, sichtbar; er ist sichelförmig nach aussen gebogen und von lippenartig aufgeworfenen Rändern eingefasst. Der hintere Abschnitt jener Spalten liegt ganz aus dem Niveau der eigentlichen Munddecke verdrängt und zwar seitlich oberhalb der Gaumenblätter, von denen er vollständig verdeckt wird. Gleiches gilt von den innern Vorhöhlen des Nasengangs, dessen ungefähre Lage eine breite und tiefe Grube jederseits des Vomerpolsters andeutet. Die Gaumenblätter sind breit und gut ausgebildet. Sie reichen nach hinten weit über das Vomerpolster hinaus und sind längs ihres verdickten medialen Rands wellig gebuchtet, so dass sie sich zu einer lyraähnlichen Figur an der Munddecke ergänzen. Ihre untere Fläche trägt zahlreiche Querfurchen sowie eine schmale Längsfalte, die sich vom vordern lateralen Rand in diagonaler Richtung nach hinten erstreckt und erst kurz vor dem Ende des medialen Rands allmählich verstreicht. An ihren hintern Rändern sind die Gaumenblätter mit den Weichtheilen des Palatopterygoidfelds fest verwachsen. Letzteres ist von beträchtlicher Grösse und wird durch die lang gestreckte Sphenoidbucht und die vom Vomerpolster aus nach hinten sich erstreckende Nasengangscheide vollständig in zwei symmetrische Hälften zerlegt. Jede von diesen erscheint längs ihres medialen Rands leistenartig gesäumt und trägt unmittelbar vor den gewaltigen Kaumuskelwülsten eine ziemlich umfangreiche Gruppe kleiner Pterygoidzähnchen.

Wie in den Weichtheilen, so zeigt die Munddecke von *Lacerta* auch im Knochen gegenüber den früher betrachteten Formen einen Fortschritt in der Gaumenbildung. Die Maxillaria besitzen wohl entwickelte Gaumenfortsätze mit leistenartig verdickten und wellenförmig gebogenen Rändern. Dieselben tragen vorn je einen tiefen Ausschnitt, in welchen sich das nach hinten zu zwei Zipfeln ausgezogene Zwischenkieferbein keilartig einschiebt. Eine Berührung dieser Gaumenfortsätze findet nicht statt, vielmehr bleiben sie durch die breiten Vomeres von einander getrennt. Letztere stossen vorn ein kurzes Stück zusammen und bilden dadurch eine mässig starke Knochenleiste, die in den ausgebuchteten hintern Rand des Zwischenkiefers vorragt; hinten dagegen divergiren sie ein wenig. Die ganze laterale Partie der Pflugscharbeine ist ziemlich steil nach oben gegen die Maxillaria gerichtet und trägt vorn jederseits für die Mündung des Jacobson'schen Organs einen weiten Ausschnitt, dessen Rand etwas nach unten umgerollt ist. Medianwärts wird letzterer von einer dünnen Knochenleiste begleitet, so dass zwischen beiden eine schmale Rinne für den Austritt des Thränennasencanals entsteht, während jene Leisten eine tiefe Medianfurche zwischen sich einschliessen. Die innern Nasenöffnungen liegen weit zur Seite gedrängt, fast ganz oberhalb des eigentlichen Niveaus der Munddecke, und werden zum grossen Theil durch die Gaumenfortsätze der Maxillaria verdeckt. Jede von ihnen scheint bei einer Ansicht von unten aus zwei ovalen Löchern zu bestehen, die durch einen S-förmigen Spalt mit einander verbunden sind. Eine breite, sich allmählich abflachende Rinne erstreckt sich von ihnen aus bis an das hintere Ende der Palatina. Diese sind verhältnissmässig schmal, zeigen jedoch eine Anlage zur Bildung von Gaumenfortsätzen in deutlichster Weise, in so fern ihr lateraler Rand zu einer dicken Gaumenleiste umgeformt ist, die die nach hinten gerichtete Verlängerung der maxillaren Gaumenfortsätze darstellt. Medianwärts werden die Palatina eine grosse Strecke weit von den zahntragenden Flügelbeinen begrenzt und bleiben wie diese durch die lang gestreckte, schmale Palatopterygoidspalte von einander getrennt. Aehnlich wie bei den *Teiidae*, aber nicht in so ausgesprochenem Maasse wie dort, stossen auch hier die hintern Ränder der Palatina ausser mit den Flügelbeinen noch mit den Transversa zusammen, doch ist diese Berührung nur bei einer Betrachtung von oben durch die Augenhöhlen sichtbar.

Drüsen kommen an der Munddecke von *Lacerta ocellata* nicht vor; auch ist der schmale und kurze JACOBSON'sche Knorpel für die Gaumenbildung ohne Bedeutung. Es fällt daher die bald mehr, bald weniger dicke Polsterung der Munddeckenknochen sowie die verschiedenartige Stärke der einzelnen Weichgebilde dem Epithel und Bindegewebe zu. Letzteres findet sich in dickern Lagen hauptsächlich im Vomerpolster und den Lippen vor; in den Gaumenblättern bildet es dagegen nur eine mässig dicke Schicht, während die Bekleidung der Gaumen- und Flügelbeine fast ausschliesslich das Epithel liefert.

Fast vollkommen übereinstimmend mit den soeben besprochenen Formen sind die Munddeckenverhältnisse bei *L. agilis* und *L. viridis*. Dagegen zeigen *L. muralis* und *L. vivipara* in so fern einen Fortschritt, als bei ihnen die Gaumenblätter in ihren hintern Partien stärker ausgebildet sind und sich weiter auf das Palatopterygoidfeld erstrecken. Noch vollkommner ist dies der Fall bei *Eremias rubropunctatus*, dessen Gaumenblätter eine bedeutende Länge erreichen und nach hinten dermaassen an Breite zunehmen, dass sie ohne merkliche Abstufung an den Rändern der Sphenoidbucht mit den Weichtheilen des Palatopterygoidfelds verwachsen. Hierdurch tritt die seitliche Verdrängung der innern Vorhöhlen des Nasengangs noch deutlicher hervor als bei den übrigen Lacertiden. Gegen ihr vorderes Ende besitzen die Gaumenblätter nur eine geringe Breite; in Folge dessen bleibt die vordere Partie der Nasengaumenspalten, durch welche sich die Ausmündung des JACOBSON'schen Organs vollzieht, deutlich sichtbar.

Der kräftigen Entwicklung des hintern Abschnitts der Gaumenblätter entspricht an der knöchernen Munddecke eine stärkere Ausbildung des lateralen Rands der Palatina, in so fern dieser nicht mehr eine einfache Knochenleiste darstellt, sondern durch hakenförmiges Umbiegen des untern Rands der letztern gegen die Medianlinie zu einem echten horizontalen Gaumenbeinfortsatz wird. Die Palatina selbst sind hinten sehr schmal; sie berühren sich nur vorn eine Strecke weit, divergiren aber weiter nach hinten beträchtlich und schliessen zusammen mit den schmalen Flügelbeinen eine mächtige Palatopterygoidspalte ein.

Zonuridae.

An dem lang gestreckten Vomerpolster von **Zonurus griseus** lassen sich drei deutlich von einander gesonderte Abschnitte unterscheiden: vorn eine grosse, knopfartige Verdickung, in der Mitte ein längliches Oval mit zwei gegen das erste Stück convergirenden, schwach gekrümmten Wülsten und dahinter eine annähernd sechseckige Platte. Letztere ist durch einen medianen Spalt halbirt und von verdickten Rändern eingefasst. Die lang gestreckten Nasengaumenspalten sind mehrfach geknickt und schmal; nur ihr hinteres Ende erweitert sich in Folge einer Verjüngung des Vomerpolsters und legt dadurch ein Stück der innern Vorhöhlen des Nasengangs frei. Der der Ausmündung des JACOBSON'schen Organs dienende vorderste Abschnitt dieser Spalten ist sehr schmal; er wird medianwärts von lippenartig aufgeworfenen Rändern gesäumt und umfasst sichelförmig den knopfartigen Theil des Vomerpolsters. Unmittelbar hinter diesem, durch ein kleines, zungenförmiges Läppchen gekennzeichnet, liegt die Ausmündungsstelle des Thränennasencanals. Von den Gaumenblättern ist besonders die hintere Hälfte gut ausgebildet, während ihre vordere Partie ziemlich plötzlich gegen die breite Innenlippe verstreicht. Sie sind längs ihres verdickten medialen Rands wellig gebuchtet und erstrecken sich nach hinten weit über das Vomerpolster hinaus, bis sie allmählich mit den Weichtheilen des Palatopterygoidfelds verwachsen. Dieses wird auch hier seiner ganzen Länge nach von der breiten Sphenoidbucht durchschnitten, deren vordern Abschluss die kurze, längsgespaltene Nasengangscheide bildet.

Die Gaumenfortsätze der Maxillaria sind relativ schmal, aber sonst wohl entwickelt. Sie werden durch eine mässig breite Furche deutlich von der Zahnreihe abgesetzt und legen sich vorn dem breiten Zwischenkieferbein bezw. dessen horizontalem Fortsatz an. Letzterer trägt unmittelbar hinter dem unpaarigen Schneidezahn eine niedrige Spina und zeigt an seinem hintern Rand eine weite Ausbuchtung, in welche sich die Vomeres keilartig einschieben. Im Ganzen betrachtet, bilden diese annähernd ein breites Oval, dessen laterale Ränder ziemlich steil nach oben gerichtet und in ihrem vordern Drittel mit einem Ausschnitt für die Ausmündung des JACOBSON'schen Organs versehen sind. Nur in ihrer vordersten Partie stossen die Pflugscharbeine an einander und bilden dadurch eine niedrige Knochenleiste, weiter nach hinten werden sie durch einen breiten Spalt getrennt. Ihre Unterfläche ist stark convex gebogen; sie zeigt vorn jederseits zwei kleine Löcher für den Durchtritt grösserer Gefässe und läuft nach hinten in zwei kurze Leisten aus. Von den zum Theil durch die Gaumenfortsätze der Maxillaria verdeckten innern Nasenöffnungen scheint bei der Ansicht von unten jede aus zwei länglich-ovalen Löchern zu bestehen, die mit ihren Spitzen gegen einander gerichtet und durch einen kurzen Spalt verbunden sind. Sie liegen weit zur Seite gedrängt, um ein Beträchtliches höher als das eigentliche Niveau der Munddecke. Dieses tritt am deutlichsten an den Gaumenbeinen hervor, indem deren vorderer Abschnitt je eine breite und tiefe Rinne bildet, die von den innern Nasenöffnungen aus nach hinten ziemlich steil abfällt. Die Palatina selbst sind verhältnissmässig kurz und in ihrer vordern Hälfte erheblich breiter als hinten. Ihr medialer Rand ist nur in seinem vordersten Theil leistenartig verdickt, während der laterale Rand nicht nur bis an sein hinteres Ende zu einer äusserst kräftigen Gaumenbeinleiste umgeformt ist, sondern in noch weit höherm Maasse als bei *Eremias* die Anlage zu echten horizontalen Gaumenfortsätzen erkennen lässt. Durch eine breite, fast bis ans vordere Ende der Vomeres reichende Palatopterygoidspalte werden die Palatina wie auch die Flügelbeine weit von einander getrennt.

Nur zwei gesonderte Lager acinöser Drüsen mit kurzen, nach unten gerichteten Ausführungsgängen sind an der Munddecke vorhanden. Von diesen erstreckt sich das umfangreichere über die Innenlippe, die vordere Hälfte der Gaumenblätter und den knopfartigen Theil des Vomerpolsters, während das mittlere Stück des letztern die zweite selbständige Drüsengruppe trägt.

Der relativ breite, aber kurze JACOBSON'sche Knorpel ragt medianwärts über die Gaumenfortsätze der Maxillaria hinaus; er reicht nach hinten nicht ganz bis an das vordere Ende der innern Nasenöffnungen und beeinflusst daher nur den vordersten Theil der Gaumenblätter.

Bindegewebe tritt in dickern Schichten nur an den drüsigen Partien der Munddecke, in der Lippenfalte und den verdickten Rändern des hintersten Vomerpolsterabschnitts auf; an den übrigen Stellen bildet fast ausschliesslich das Epithel die Ueberkleidung der Munddeckenknochen.

Scincidae.

Die allmählich fortschreitende Vervollkommnung im Bau der Munddecke von den Zonuriden an bis zu der unter den Eidechsen überhaupt vorkommenden höchsten Ausbildung derselben vollzieht sich innerhalb der Familie der *Scincidae*. Von diesen habe ich ***Eumeces algeriensis, Gongylus ocellatus, Chalcides tridactylus, Egernia striolata, Mabuia multifasciata*** und ***Tiliqua gigas*** untersucht.

Die Innenlippe von *Eumeces* zeigt im Allgemeinen eine sehr kräftige Entwicklung, während die Lippenfalte etwas verkümmert erscheint, in so fern sie bereits gegen die Mitte der Maxillen ziemlich plötzlich längs der eigentlichen Lippe verstreicht. Diese setzt sich vorn durch eine schmale Furche deutlich von dem Vomerpolster ab. Letzteres ist lang gestreckt und von kegelförmiger Gestalt. Es besteht aus einer vordern, knopfartigen Verdickung, die nach hinten durch einen kurzen, gedrungenen Wulst mit einer langen, annähernd viereckigen Platte verbunden ist. Längs dieser verlaufen die engen Nasengaumenspalten fast in sagittaler Richtung nach vorn, biegen sodann sichelförmig gegen den mittlern Theil des Vomerpolsters ein und endigen am hintern Rand von dessen knopfartiger Verdickung, wo sie der Ausmündung des Jacobson'schen Organs und des Thränennasencanals dienen. Von den innern Vorhöhlen des Nasengangs bleiben nur am hintern Ende des Vomerpolsters zwei kleine, grubenähnliche Oeffnungen sichtbar, die durch eine kurze Nasengangscheide von einander getrennt werden. Ihre übrigen Partien sind durch die lang gestreckten und breiten Gaumenblätter vollständig verdeckt. Jedes von diesen zerfällt in zwei scharf gesonderte Abschnitte, vorn ein kleineres, lateral vom mittlern Theil des Vomerpolster gelegenes Stück und dahinter ein grösserer Abschnitt, der nach hinten ohne merkliche Abstufung mit den Weichtheilen des zahntragenden Palatopterygoidfelds verwächst. Diese Verwachsung ist hier jedoch weit ausgedehnter als bei *Eremias* und *Zonurus*, denn an ihr zeigt sich das Zustandekommen des weichen Gaumens und die damit gleichsam schrittweise verbundene Bildung von Choanen durch eine allmählich fortschreitende Entwicklung der Gaumenblätter in deutlichster Weise, während die vorbenannten Formen uns hierüber noch im Ungewissen liessen.

Der dem einfachen Palatopterygoidfeld sämmtlicher bisher betrachteten Eidechsen entsprechende hintere Abschnitt der primären Munddecke zerfällt nämlich bei *Eumeces* in zwei durch ihre verschiedene Höhenlage scharf von einander unterschiedene Partien. Von diesen bildet die obere die eigentliche Munddecke, während die untere einem echten Gaumen entspricht. Letzterer ist hier jedoch noch nicht vollständig geschlossen, sondern lässt einen medianen „Gaumenspalt" von der Breite des hintern Vomerpolsterrands frei. Durch diesen hindurch erblickt man die primäre Munddecke, in welche von hinten her die Sphenoidbucht bis nahezu an das Vomerpolster einschneidet.

Die kräftigen Maxillaria tragen wohl entwickelte Gaumenfortsätze, die besonders gegen die Mitte der Zahnreihe an Breite zunehmen. Auch das paarige Zwischenkieferbein besitzt einen kurzen horizontalen Fortsatz, der zu zwei seitlichen Zipfeln ausgezogen ist, zwischen welche sich das vordere Ende der Vomeres keilartig einschiebt. Zusammen betrachtet, gleichen die letztern einem länglichen Oval, dessen Seitentheile schräg aufwärts gerichtet und vorn mit einem kleinen Ausschnitt für die Mündung des JACOBSON'schen Organs versehen sind. Sie stossen in ihrer ganzen Länge zusammen und bilden dadurch vorn eine niedrige Crista, während sie hinter derselben eine schmale Furche zwischen sich fassen. Die zum grossen Theil von den maxillaren Gaumenfortsätzen überdeckten innern Nasenöffnungen erweitern sich vorn ein wenig für die Ausmündung des JACOBSON'schen Organs und schneiden mit ihrem hintern Ende tief in die Palatina ein. Gegenüber dem gleichen Knochenpaar der früher betrachteten Eidechsen zeigen diese bei *Eumeces* einen bedeutenden Fortschritt in Bezug auf die Herstellung eines knöchernen Gaumens, so fern sich an ihnen zwei scharf unterschiedene Theile erkennen lassen: die eigentlichen Gaumenbeinkörper und deren horizontale Fortsätze. Jene sind in ihrer vordern Partie ausserordentlich breit und stossen daselbst bis auf eine schmale Furche an einander, während sie weiter nach hinten beträchtlich divergiren. Bis zu ihrer gegenseitigen Berührung bildet der mediale Rand jedes Palatinums eine kräftige Leiste, die aber von der Trennungsstelle beider Knochen an plötzlich verstreicht. Der laterale Rand ist zwar gleichfalls leistenartig verdickt, aber ausserdem entsendet er einen deutlich ausgeprägten horizontalen Fortsatz gegen die Mittellinie, so dass das Gaumenbein auf dem Querschnitt hakenförmig gebogen erscheint. Eine Berührung dieser horizontalen Fortsätze unter sich besteht nicht, sie bleiben vielmehr, ebenso wie die hintern Partien der Gaumen- und Flügelbeine, durch eine breite Palatopterygoidspalte von einander getrennt.

Das einzige Drüsenlager, welches sich an der Munddecke vorfindet, ist auf die hintern Abschnitte der Gaumenblätter beschränkt; es trägt wesentlich zu deren kräftiger Entwicklung bei. Die Drüsen haben einen tubulösen Bau und entsenden ihre weiten Ausführungsgänge in schräger Richtung gegen den medialen Rand der Gaumenblätter, die sie vom vordern Ende des grössern Abschnitts derselben ungefähr bis in gleicher Linie mit dem hintern Rand des Vomerpolsters durchziehen. Auf das vordere Stück der Gaumenblätter greifen die Drüsen nicht mehr über. Hier wie auch im Vomerpolster, dem Palatopterygoidfeld und in den Lippen betheiligen sich an der Ausbildung der Mundweichtheile nur dickere Bindegewebslagen und das Epithel; fast ausschliesslich von dem letztern ist die Wandung der Sphenoidbucht hergestellt.

Ganz analoge Verhältnisse wie bei *Eumeces* finden wir an der Munddecke von *Gongylus ocellatus*. *Chalcides tridactylus* hingegen lässt einige Abweichungen von jener Form erkennen. Die in gewöhnlicher Weise ausgebildete Innenlippe trägt vorn einen kleinen Zwischenkieferknopf, von dem aus nach hinten die dreieckig gestaltete Vomerleiste auf das Vomerpolster hinüberführt. Letzteres gleicht etwa einer schmalen Schuhsohle, die von einer seichten Medianfurche durchzogen wird. Die engen Nasengaumenspalten verlaufen in wellenförmigen Bogen und biegen vorn schräg gegen die Gaumenblätter ein. Diese zeigen eine relativ stärkere Ausbildung als bei *Eumeces*, heben sich aber in schärferer Weise als dort von dem hintern Theil der Mundhöhle ab, der auch hier in die primäre Munddecke und den Gaumen gesondert wird. Letzterer bleibt durch die mit stark gebuchteten Rändern versehene Gaumenspalte weit offen, so dass die hinterste Partie der innern Vorhöhlen des Nasengangs immer noch sichtbar ist.

Auch die knöcherne Munddecke von *Chalcides* zeigt keine erheblichen Unterschiede gegenüber derjenigen von *Eumeces*. Die Pflugscharbeine haben eine etwas gestrecktere Form und bilden eine lange Leiste, die vorn mit einer kleinen knopfartigen Abrundung an das Zwischenkieferbein grenzt. Die Körper der Palatina berühren sich längs einer grössern Strecke als dort, während ihre weit gebuchteten horizontalen Gaumenfortsätze zwar weit von einander getrennt bleiben, aber den Gaumen doch etwas mehr abschliessen.

Uebereinstimmend mit *Eumeces* ist auch bei *Chalcides* das Vorkommen von Munddeckendrüsen auf die Gaumenblätter beschränkt. Die Drüsen selbst bestehen aus grossen Schläuchen mit kurzen Ausführungsgängen; sie werden durch ein mässig dickes Bindegewebsgerüst von einander getrennt. Im Uebrigen ist die Betheiligung des Bindegewebes und des Epithels in den einzelnen Weichgebilden hier dieselbe wie im vorigen Fall.

Egernia striolata bekundet einen wesentlichen Fortschritt gegenüber den bisher betrachteten Scinciden dadurch, dass es bei ihr — wenigstens in den Weichtheilen — zur Bildung eines geschlossenen

Gaumens und damit zur Sonderung einer wirklichen Nasenhöhle von der secundären Mundhöhle kommt. Die Innenlippe ist normal entwickelt und vorn mit einem kleinen Zwischenkieferknopf versehen, an den sich jederseits ein bogenförmig nach hinten verlaufender, niedriger Wulst ausetzt. Das äusserst lang gestreckte Vomerpolster ist vorn verhältnissmässig breit und dient daselbst der kurzen Vomerleiste gleichsam als Sockel. Es läuft nach hinten allmählich spitz zu und ist von einer flachen Medianfurche durchzogen. In seinem vordern Abschnitt trägt das Vomerpolster jederseits ein kleines Knöpfchen, das lateral von dem hakenförmig gegen die Mittellinie umgebogenen vordern Ende der sehr schmalen Nasengaumenspalten begrenzt wird; es scheint dort die Ausmündung des Jacobson'schen Organs zu erfolgen. Während an jener Stelle die Nasengaumenspalten aber weit von einander abstehen, nähern sie sich nach hinten immer mehr, bis sie am hintern Rand des Vomerpolsters fast vereinigt in das Ostium pharyngo-nasale münden.

Dieses Ausdrucks, der bekanntlich in der Anatomie allgemein für die hinter dem weichen Gaumen der Säuger gelegene Communication zwischen Nasen- und Mundhöhle gebraucht wird, glaube ich mich auch für die entsprechende Bildung bei den Eidechsen bedienen zu können, wenngleich jene Oeffnung hier bedeutend weiter vorn liegt als dort. Ebenso werde ich, wie im Eingang dieser Arbeit schon angedeutet wurde, den hinter jenem Ostium verbleibenden Rest der primären Mundhöhle auch bei den Scinciden als Pharynx bezeichnen.

Bei *Egernia* ist letzterer verhältnissmässig lang gestreckt. Seinen vordern Abschluss bildet das Vomerpolster, während er lateral von den hintern Partien des Gaumens begrenzt wird, dessen vordern Theil hauptsächlich die mächtig entwickelten Gaumenblätter herstellen.

Noch weit vollkommner als bei *Egernia* ist der Gaumen bei *Mabuia multifasciata* ausgebildet, in so fern das Ostium pharyngo-nasale und damit zugleich das vordere Ende des Pharynx weit hinter dem Vomerpolster liegt. Letzteres hat im Wesentlichen die nämliche Gestalt wie bei *Egernia*, ist jedoch erheblich kürzer und breiter als dort. Es trägt in seiner ganzen Länge die von einer flachen Medianfurche durchzogene Vomerleiste und grenzt vorn direct an den scharf ausgeprägten Zwischenkieferknopf, der in ähnlicher Weise wie bei der vorigen Form jederseits einen sich bogenförmig nach hinten erstreckenden niedrigen Wulst trägt. In diesen schneiden die vordern, weit von einander abstehenden Enden der äusserst schmalen Nasengaumenspalten scharf ein. Unmittelbar hinter dem Vomerpolster aber vereinigen sich die letztern zu einer ganz engen Gaumenspalte, die bis an das Ostium pharyngo-nasale reicht. Bis auf diese schmalen Spalten ist der Gaumen vollständig geschlossen, und zwar wird er ausser vom Vomerpolster lediglich dadurch gebildet, dass die sehr breiten Gaumenblätter hinter jenem zusammenstossen.

Die vollendetste Form des Gaumens zeigt bei den von mir untersuchten Eidechsen *Tiliqua gigas*, von der ich einen ältern Embryo zu Schnittpräparaten verwendet habe. Die dicken Lippen sind in gewöhnlicher Weise entwickelt und zeigen ebenso wenig wie der Zwischenkieferknopf und das Vomerpolster gegenüber den bei *Mabuja* geschilderten Verhältnissen irgend welche erhebliche Abweichungen. Letzteres ist nur relativ viel kleiner und schmäler. Auch von den Nasengaumenspalten gilt im Wesentlichen das bei der vorigen Species Gesagte. Sie vereinigen sich hinter dem Vomerpolster zu einer schmalen Gaumenspalte, die aber nicht wie dort frei bis an den Pharynx reicht, sondern schon weit vorher unter den Gaumenblättern verschwindet. Diese haben sich nämlich in ihren hintern Partien dermaassen stark entfaltet, dass sie über einander greifen: es legt sich daher das linke Gaumenblatt weit über das rechte, während sich dieses unter jenes hinschiebt. Auf diese Weise wird eine vollständigere Scheidung zwischen Nasen- und Mundhöhle geschaffen als bei der vorigen Art.

Dieser nahezu vollendeten Bildung eines geschlossenen Gaumens in den Weichtheilen entspricht im Wesentlichen auch die Formation der knöchernen Munddecke. Die Gaumenfortsätze der Maxillaria erlangen besonders hinten, wo sie sich den Palatina anlehnen, eine beträchtliche Breite, ohne sich jedoch zu berühren. Vorn stossen sie mit ihrem ausgebuchteten Rand an die zwei breiten Zwischenkieferbeine, deren jedes einen langen Processus vomero-maxillaris trägt. Zwischen diese Fortsätze schieben sich die beiden Vomeres mit einem breiten Schnabel keilartig ein. Abgesehen von dem letztern bilden die Vomeres, zusammen genommen, ein längliches Oval, das zwei nach hinten allmählich abfallende, scharf ausgeprägte Leisten trägt. In die hierdurch entstehende Medianfurche zieht sich von vorn her eine niedrige Crista. Die innern Nasenöffnungen erscheinen als zwei äusserst schmale, sichelförmige Spalten, vor denen die Ausmündungsstellen des JACOBSON'schen Organs gelegen sind. Ihren hintern Abschluss bilden die Gaumenfortsätze der Maxillaria, die sich an dieser Stelle breit vor die Palatina legen. Letztere sind relativ sehr lang und stossen in ihrem vordern Theil an einander. Jedes von ihnen trägt einen breiten, nach hinten bis über die letzten Zähne weit hinausreichenden Gaumenfortsatz, so dass die Palatina zu ⊂⊃-förmig gegen die Mittellinie geöffneten Knochen mit annähernd gleich langen Schenkeln umgebildet erscheinen. Der hierdurch hergestellte knöcherne Gaumen bleibt nur noch durch eine schmale Spalte offen, die davon herrührt, dass die Gaumenfortsätze der Palatina nicht in der Mittellinie verwachsen. Das in den Weichtheilen constatirte weite Uebereinandergreifen der beiden Gaumenhälften ist hier in so fern beschränkt, als der Rand des linken Gaumenfortsatzes etwas nach oben, der des rechten ein wenig nach unten gekrümmt ist und nur in ihrem hintern Theil ein schwaches Hinübergreifen jenes Rands über diesen erfolgt. Sehr anschaulich tritt dies bei der Einführung einer Nadel in jene Gaumenspalte hervor, in so fern solches vorn in direct verticaler, hinten dagegen nur in schräger Richtung möglich ist. Wir finden also bei *Tiliqua* nicht nur in den Weichtheilen, sonder auch im Knochen eine fast vollendete Scheidung der Nasen- und der Mundhöhle durch den Gaumen. Die Nasenhöhle ist nach hinten zu einer langen Röhre ausgezogen, deren obere Wandung die eigentlichen Körper der Palatina bilden, während deren Gaumenfortsätze bis auf die schmale Medianspalte den untern Abschluss derselben herstellen. Von den weiten Choanen ist an der von unten betrachteten Munddecke nichts zu sehen, da sie durch die Gaumenfortsätze der Palatina gänzlich verdeckt werden. Sie liegen kurz vor dem vordern Ende der schmalen und lang gestreckten Flügelbeine, so dass diese an ihrer Begrenzung nicht mehr Theil nehmen. Die bei den früher betrachteten Eidechsen bald mehr, bald weniger lang gestreckte Palatopterygoidspalte bildet hier nur eine schmale, ovale Oeffnung, in welche hinein das Rostrum sphenoidale weit vorragt. Verhältnissmässig klein sind die Foramina suborbitalia, von deren Umrandung die Flügelbeine völlig ausgeschlossen sind.

An Drüsen zeigt die Munddecke nur zwei gesonderte Lager: eins in der Aussenlippe, das andere in den Gaumenblättern. Die einzelnen Drüsen sind schlauchförmig und liegen in eine dicke Bindegewebsschicht eingebettet. Auf den Gaumenblättern umfasst das Drüsenlager nur ein kleines Gebiet, das sich ungefähr von den Ausmündungsstellen des JACOBSON'schen Organs bis an den hintern Rand des Vomerpolsters erstreckt. Die Drüsen der Aussenlippe dagegen ziehen längs des ganzen Zahnbogens hin und münden am Rand der zwischen diesem und der Lippe befindlichen Spalte aus.

Dickere Bindegewebslagen finden sich nur in den Lippen, dem Vomerpolster und den medialen Rändern der Gaumenblätter vor; an den übrigen Partien der Munddecke bildet wieder vorwiegend das Epithel den Bezug der darüber gelegenen Knochen.

Bei sämmtlichen Scinciden erreicht der JACOBSON'sche Knorpel eine so beträchtliche Breite, dass er medial über die Gaumenfortsätze der Maxillaria vorspringt und die Gaumenblätter in ihrem vordern Abschnitt lippenartig vor sich her treibt. Er endigt nach hinten gabelförmig unmittelbar vor den innern Nasenöffnungen, alsdann treten in den Gaumenblättern die oben erwähnten Drüsen auf.

Chamaeleontidae.

An der hochgewölbten Munddecke von ***Chamaeleon basiliscus*** zeigt die Aussenlippe gegenüber der gewöhnlichen Form keinerlei Abweichungen, dagegen bleibt die Innenlippe sowohl hinsichtlich ihrer Dicke wie ihrer kurzen, nach vorn kaum bis zur Mitte des maxillaren Zahnbogens reichenden Lippenfalte hinter der normalen Ausbildung zurück. Ein Zwischenkieferknopf fehlt vollständig, desgleichen die Vomerleiste. Das annähernd ovale, breite Vomerpolster ist in seiner vordern Hälfte von schwach verdickten Rändern umsäumt; es trägt einen nach vorn geöffneten, hufeisenförmigen Wulst, an den sich nach hinten die Nasengangscheide als ein niedriger medianer Kamm ansetzt. Von den sehr engen und verhältnissmässig kurzen Nasengaumenspalten ist das vordere Ende als Ausmündungsstelle des rudimentären JACOBSON'schen Organs schleifenartig umgebogen. Die innern Vorhöhlen des Nasengangs bleiben fast in ihrer ganzen Ausdehnung sichtbar; sie laufen nach hinten in eine breite und tiefe Medianfurche aus, die von schwach verdickten Rändern eingefasst wird und mit der Sphenoidbucht endigt. Die Gaumenblätter sind ausserordentlich breit und heben sich lateral durch eine geschweifte, flache Längsfurche von den angrenzenden Partien der Munddecke ab. Nach vorn verstreichen sie allmählich gegen die Innenlippe, während sie nach hinten ohne merkliche Abstufung in die Weichtheile des Palatopterygoidfelds übergehen. Den Abschluss des letztern stellen zwei mächtige, flügelartig nach unten gerichtete Erhebungen her, die zu beiden Seiten der Sphenoidbucht gelegen sind und diese von den Kaumuskelwülsten trennen.

An der knöchernen Munddecke finden wir relativ breite Gaumenfortsätze der Maxillaria, die vorn zusammenstossen und dadurch das unpaare Zwischenkieferbein weit von dem Vomer trennen. Ersteres ist äusserst schmal und trägt eine winzige Horizontallamelle von annähernd dreieckiger Gestalt. Letzterer gleicht im Wesentlichen einer kurzen, rechteckigen Knochenplatte, die sich ausser durch ihre Kürze noch dadurch von dem Pflugscharbein der bisher besprochenen Eidechsen unterscheidet, dass die bei diesen regelmässig vorhandene Einkerbung für die Ausmündung des Jacobson'schen Organs hier vollständig fehlt. Nach hinten reicht der Vomer kaum bis gegen die Mitte der grossen, mandelförmig gestalteten innern Nasenöffnungen. Er bildet somit für diese nur zum kleinern Theil die mediale Begrenzung, deren Haupttheil zwei lang gestreckte Fortsätze der Palatina liefern, die in der Mittellinie an einander stossen und sich durch eine tiefe Ausbuchtung scharf von den eigentlichen Körpern der breiten Gaumenbeine absetzen. Erhöht wird diese Abstufung noch durch starke, weit gegen die Medianlinie vorspringende Knochenleisten, die sich vom hintern medialen Rand der Pterygoidea aus nach vorn erstrecken und ein ähnliches Verhalten zeigen wie die bei den Scinciden besprochenen Gaumenfortsätze der Palatina, mit denen sie jedoch nicht zu verwechseln sind. Die eigentlichen Gaumenbeinkörper berühren sich nur längs einer kurzen Strecke und werden in ihren hintern Partien ebenso wie die Flügelbeine durch eine breite Palatopterygoidspalte von einander getrennt. Bei ihrer Anlehnung an die Transversa entsenden die Pterygoidea breite, flügelartige Fortsätze nach unten, wodurch sie in ihrem Aussehen von den entsprechenden Knochen der übrigen Eidechsen in auffallender Weise unterschieden sind. Nach vorn laufen sie in eine scharfe Spitze aus und bilden weithin die mediale Begrenzung der Gaumenbeine.

Drei gesonderte Gruppen von zum Theil grossen alveolären Drüsen tragen zur stärkern Ausbildung der Mundweichtheile bei. Am zahlreichsten sind die Drüsen der Aussenlippe; sie durchziehen diese in ihrer ganzen Länge und häufen sich besonders stark im Bereich des Zwischenkiefers an. Auch die Drüsen der Gaumenblätter bilden ein gewaltiges Lager, das sich nach hinten bis dicht vor die Sphenoidbucht erstreckt und jederseits mit einem schmalen Strich auch noch auf die Lippenfalte übergreift. Weniger umfangreich ist das Gebiet der Drüsen des Vomerpolsters, deren dichteste Anhäufung sich auf dem hufeisenförmigen Wulst des letztern befindet.

Der Fortsatz des Jacobson'schen Knorpels ist sehr breit, so dass er jederseits die Horizontallamellen der Maxillaria medialwärts nicht nur säumt, sondern nach innen weit über sie vorspringt und dadurch die Gaumenblätter lippenartig vor sich hertreibt. Er reicht nach hinten weit über das vordere Ende der innern Nasenöffnungen hinaus und trägt nicht unerheblich zu der kräftigen Ausbildung des vordern

Abschnitts der Gaumenblätter bei. Von der Stelle an, wo er endigt, treten in diesen die vorerwähnten Drüsen auf.

Den gleichen Bau der Munddecke wie *Chamaeleon basiliscus* zeigt auch *Ch. vulgaris*.

Geckonidae.

Für die umfangreiche Familie der *Geckonidae* konnte ich meine Untersuchungen auf eine einzige Species, ***Platydactylus verticillatus***, beschränken, weil die übrigen mir in grosser Zahl zugänglichen Vertreter dieser Familie mit jener hinsichtlich ihrer Munddeckenbildung im Wesentlichen übereinstimmen. Im Gegensatz zu der äusserst dünnen, aber sonst normalen Aussenlippe weicht die mit einem kleinen Zwischenkieferknopf versehene Innenlippe erheblich von der gewöhnlichen Form dadurch ab, dass sie in ihren maxillaren Theilen nicht aus einem, sondern aus zwei neben einander her ziehenden Längswülsten besteht und dass die grösste Breite der Lippenfalte statt an deren hinterm Ende ungefähr in ihrer Mitte liegt. Hervorgerufen wird letzteres durch die Gaumenblätter, die mit der Innenlippe derart verwachsen, dass zwischen beiden Gebilden keine genaue Trennungslinie festzustellen ist. Dem äussern Anschein nach sondert sich jedes Gaumenblatt in einen lateralen Wulst und eine mediane Hautfalte, welche fast steil nach oben umgeschlagen erscheint. Ihr hinteres Ende verstreicht allmählich in einem flachen Bogen gegen die Lippenfalte und überragt den hintern Rand des Vomerpolsters beträchtlich. Dieses ist annähernd oval und hinten mit einem schmalen, dünnen Hautsaum versehen. Eine Vomerleiste fehlt gänzlich. Die Nasengaumenspalten sind kurz und lassen gegen ihr hinteres Ende einen Theil der innern Vorhöhlen des Nasengangs erkennen. Ihr schmaler vorderer Abschnitt zerfällt, wie Born bei den von ihm untersuchten Ascaloboten erwähnt, in zwei ungleich lange Aeste, die ein kleines, zungenförmiges Läppchen zwischen sich fassen. Der mediale Ast ist kurz und biegt schräg nach innen um; der laterale hingegen ist Anfangs sichelförmig nach aussen gebogen, verläuft dann eine kurze Strecke weit in sagittaler Richtung und verliert sich schliesslich in zwei äusserst kurzen Spalten, von denen der eine quer nach innen, der andere schräg nach aussen gebogen ist. Der Spalt lateral von dem zungenförmigen Läppchen dient dem Jacobson'schen Organ, der mediale dem Thränennasencanal zur Ausmündung in die Mundhöhle. Das breite Palatopterygoidfeld wird durchschnitten von einer gewaltigen Sphenoidbucht, an deren Wandung jederseits die hintere Begrenzung der Augenhöhlen in Gestalt einer kugligen Auftreibung hervortritt. Es zerfällt in zwei durch ihre verschiedene Höhenlage scharf von einander abgesetzte Theile, eine grosse hintere und eine kleine vordere Partie. Jene trägt die hintern Enden der Lippenfalten, während diese mit ihrem medianen Abschnitt das Vomerpolster von hinten begrenzt und sich lateralwärts zu den innern Vorhöhlen des Nasengangs emporwölbt.

Die breiten Gaumenfortsätze der Maxillaria grenzen vorn mit ihrem ausgebuchteten Rand an das unpaarige Zwischenkieferbein und trennen dessen mit einer Spina versehenen Horizontalfortsatz bis auf eine kleine Strecke von den beiden Vomeres. Zusammen betrachtet, bilden diese ein Oval, das eine niedrige mediane Knochenleiste trägt und von einer breiten Längsfurche durchzogen wird. Jedes Pflugscharbein besteht aus einem äusserst dünnen Knochenblättchen, dessen lateraler Rand nach oben umgerollt und vorn mit einer kleinen Einkerbung für die Ausmündung des JACOBSON'schen Organs versehen ist. Nach hinten grenzen die Vomeres zum weitaus grössten Theil nicht an einen Knochen, sondern an eine dünne Membran, welche sie mit dem Ethmoideum verbindet. Nur die hintersten Ecken ihrer lateralen Ränder werden gestützt durch einen dornartigen medialen Fortsatz der Palatina. Letztere selbst sind relativ breit, aber auffallend kurz. Ihr vorderer, ziemlich steil nach oben gerichteter Abschnitt trägt lateral einen gut entwickelten Gaumenfortsatz, der mit dem medialen Processus eine tiefe Ausbuchtung als hintern Abschluss der innern Nasenöffnungen bildet. Diese gleichen zwei länglichen Ovalen, die nach vorn spitz zulaufen und dort an den Ausmündungsstellen des JACOBSON'schen Organs endigen. Medialwärts berühren sich die Palatina nicht, sondern werden, ebenso wie die Flügelbeine, durch eine äusserst breite Palatopterygoidspalte von einander getrennt.

Das Vorkommen von Munddeckendrüsen ist beschränkt auf die Innenlippe nebst einem Theil der Gaumenblätter und auf das Vomerpolster. An beiden Stellen beeinflussen sie die Ausbildung der betreffenden Weichtheile in hohem Maasse. Die Drüsen der Innenlippe sind acinös und werden durch ein nur spärliches Bindegewebsstroma zusammengehalten. Sie münden mit ihren kurzen Ausführungsgängen an der Unterseite der Lippe aus, die sie in ihrer ganzen Länge durchziehen. Ein Theil von ihnen greift auf die Gaumenblätter hinüber, doch bleibt deren nach oben gerichtete häutige Falte drüsenfrei. Gleichfalls acinösen Bau zeigen auch die Drüsen des Vomerpolsters. Sie bilden eine für sich scharf abgegrenzte Gruppe und häufen sich besonders stark gegen die Mittellinie an. Eine Sonderung dieser

Drüsen in zwei verschiedene Lagen, wie Born solches bei den von ihm untersuchten Ascaloboten gefunden zu haben glaubt, vermag ich bei meinem Exemplar nicht zu erkennen. Born sagt nämlich: „Die untere breitere Schicht besteht aus einer Lage weiter, auf dem Epithel der Rachenhöhle ausmündender Schläuche, die mit im Verhältniss zur Grösse des Lumens niedrigen Zellen bekleidet sind; die obere schmälere Schicht setzt sich aus mehreren Lagen kleiner Drüsenquerschnitte zusammen, welche einen relativ viel höhern Cylinderepithelbelag zeigen. Die erstern functioniren wohl als Ausführungsgänge der zweiten." — Meinem Befund nach bilden die Drüsen des Vomerpolsters bei *Pl. verticillatus* ein grosses Packet gleichartiger Drüsenbälge, bei denen von einer Sonderung in verschiedene Schichten nicht die Rede sein kann.

Von nicht unbedeutendem Einfluss auf die Entwicklung der Gaumenblätter ist bei *Platydactylus* der von der Wandung des Jacobson'schen Organs nach hinten sich erstreckende Knorpelfortsatz, der hier ein ganz analoges Verhalten zeigt, wie ihn Born für *Hemidactylus* beschrieben hat, nämlich:

„Der freie innere Rand des Knorpelfortsatzes entspringt hier nicht wie bei *Lacerta* und den vorigen [*Gongylus*, *Scincus* und *Lygosoma*-Arten] hakenförmig aus der untern Wand der Kapsel des Jacobson'schen Organs, um noch vor der innern Choane zu endigen, sondern ist eine directe Verlängerung der knorpligen Seitenwand des Jacobson'schen Organs nach hinten und erstreckt sich längs der ganzen Rinne am Dach der Mundhöhle. Er begleitet dabei in ansehnlicher, nach hinten zunehmender Breite den medialen Rand der Gaumenplatte des Os maxillare superius und weiter rückwärts sogar das Palatinum. Vorn liegt er dem Knochen entweder direct an, oder er schiebt sich ein wenig über oder unter denselben hin; hinten trennt beide ein bindegewebiger Zwischenraum. Der Knorpelfortsatz endet zugespitzt da, wo der die Spalte *R* (fig. 3) begleitende dünne Saum aufhört, für den er mit der medialen Hälfte seiner Breite die Grundlage abgiebt etc."

Amphisbaenidae.

Von den Amphisbaeniden habe ich **Lepidosternon microcephalum, Amphisbaena alba** und **Amph. fuliginosa** untersucht, und zwar die zuletzt genannte Species unter Hinzuziehung von Schnittpräparaten. Die flach gewölbte Munddecke von *Amph. fuliginosa* zeigt als Umrandung neben der äusserst dicken Aussenlippe eine eigenthümlich gestaltete Innenlippe. Letztere zerfällt in einen paarigen maxillaren und einen unpaarigen intermaxillaren Abschnitt. Beide Theile werden von einander jederseits durch eine schräg nach aussen gerichtete tiefe Furche getrennt, die zugleich die vordere Begrenzung der Lippenfalte bildet. Diese ist kräftig entwickelt und medianwärts bandartig nach unten umgeschlagen; sie verstreicht nach hinten allmählich längs der mit einer Spitze eigenartig gegen die Mittellinie vorspringenden Kaumuskelwülste. Der intermaxillare Theil der Innenlippe sondert sich in eine mediale und zwei laterale Partien. Von diesen bilden die letztern halbkreisförmig nach hinten abgerundete Polster, die durch tiefe Furchen scharf von dem medialen Stück abgesetzt sind. Letzteres gleicht im Wesentlichen einem keilförmigen Wulst, dessen nach hinten gerichtete Spitze mit einer knopfartigen Verdickung endigt. An diese schliesst sich die lang gestreckte Vomerleiste an. Das Vomerpolster stellt in seinem Haupttheil eine längliche Platte dar. Es trägt ausser der Vomerleiste noch zwei S-förmig gekrümmte, kammartige Erhebungen, die nach hinten bis an die Kaumuskelwülste reichen. Die schmalen Nasengaumenspalten verlaufen fast in sagittaler Richtung; nur ihr vorderer Abschnitt biegt sichelförmig gegen die Mittellinie um. Vor demselben, durch eine Bindegewebsbrücke getrennt, liegen zwei kleine Wärzchen, auf denen das JACOBSON'sche Organ ausmündet. Sehr breit und stark entwickelt sind die mit verdickten Rändern versehenen Gaumenblätter. Ihr vorderes Stück trägt einen doppelt S-förmig gekrümmten Wulst, der sich vom intermaxillaren Theil der Innenlippe nach hinten bis ungefähr gegen die Mitte der Munddecke erstreckt und dort längs der Lippenfalte verstreicht. Zwischen dem hintern Bogen dieses Wulstes und den Nasengaumenspalten zeigt jedes Gaumenblatt einen von lippenartig aufgeworfenen Rändern eingefassten Schlitz. Derselbe besitzt eine ziemlich beträchtliche Tiefe, durchbricht aber das Gaumenblatt nicht ganz, sondern stellt eine Art Tasche dar, deren Zweck sich aus den Schnittpräparaten nicht näher ersehen lässt. Der hintere Abschnitt der Gaumenblätter hat die Gestalt einer eckigen Platte, an deren hinterm Rand zwei grubenähnliche Vertiefungen zu den innern Vorhöhlen des Nasengangs hinführen. Geradezu auffallend klein und schmal ist das Palatopterygoidfeld, in so fern es kaum den sechsten Theil der Munddecke einnimmt.

Wie in den Weichtheilen, so zeigt die Munddecke der *Amphisbaenidae* auch im Knochen gegenüber den früher betrachteten Formen erhebliche Abweichungen. Die verhältnissmässig breiten Gaumenfortsätze der kurzen, aber ausserordentlich kräftigen Maxillaria grenzen vorn an das starke Zwischenkieferbein und werden durch die Vomeres von einander getrennt. Letztere sind ebenfalls relativ sehr breit; sie stossen bis auf einen schmalen Spalt an einander und fassen eine tiefe Furche zwischen sich. Ihr medialer Rand ist zu einer starken Leiste verdickt und liegt annähernd im eigentlichen Niveau der Munddecke. Ihr lateraler Rand hingegen ist in seinen hintern Partien steil nach oben gewölbt und über die Gaumenfortsätze der Maxillaria hingeschoben, während er sich diesen in seinem vordern Theil anlegt und dadurch die Ausmündungsstellen des JACOBSON'schen Organs von den innern Nasenöffnungen eine weite Strecke trennt. Die Palatina sind im Verhältniss zu der lang gestreckten Munddecke sehr kurz. Sie tragen an ihrem vordern lateralen Rand mässig breite Gaumenfortsätze, die jedoch, von unten betrachtet, nur wenig zu sehen sind, weil sie zum grössten Theil von den breiten und eigenthümlich gestalteten Transversa verdeckt werden. Im Wesentlichen stellen die Gaumenbeine einfache Knochenplatten dar mit leistenartig nach unten umgeschlagenen lateralen wie medialen Rändern. Sie bilden tiefe Rinnen, die nach vorn an die Vomeres grenzen und zu den innern Vorhöhlen des Nasengangs die knöcherne Decke liefern. Lateralwärts werden die Gaumenbeine hauptsächlich durch die Transversa begrenzt, während sie nach hinten U-förmig von den Pterygoidea umfasst werden. Letztere sind relativ sehr lang und erscheinen als einfache breite Knochenspangen, die dachförmig nach oben gegen die Mittellinie geneigt sind. In die Palatopterygoidspalte, welche sowohl die Gaumen- als auch die Flügelbeine trennt, schiebt sich das Basisphenoideum mit seinem langen Rostrum derart weit nach vorn vor, dass zwischen ihm und den Flügelbeinen jederseits nur ein schmaler, sichelförmiger Spalt übrig bleibt. Von den innern Nasenöffnungen ist an der Munddecke des horizontal liegenden Schädels nichts zu sehen, da sie durch die Gaumenplatten der Maxillaria vollständig verdeckt werden. Die Foramina suborbitalia fehlen gänzlich; in Folge dessen erscheinen die zu breiten, unregelmässigen Knochen umgebildeten Transversa gleichsam zwischen die Maxillaria, Palatina und Pterygoidea eingezwängt.

Der wesentlichste Antheil an der kräftigen Ausbildung der Mundweichtheile kommt dem Bindegewebe und der Mundschleimhaut zu. Drüsen befinden sich nur in der Aussenlippe, und zwar durchziehen sie diese längs des ganzen Zahnbogens. Die einzelnen Drüsen bilden grosse Acini, die in einer dicken Bindegewebslage eingebettet liegen und ihre langen Ausführungsgänge nach der Unterseite der Lippe entsenden.

Uebereinstimmend mit den soeben geschilderten Verhältnissen ist die Munddecke von *Amphisbaena alba*, und auch *Lepidosternon microcephalum* zeigt nur geringe Abweichungen davon. Unter diesen sind folgende Punkte hervorzuheben.

Die Sonderung der Innenlippe in einen paarigen maxillaren und einen unpaarigen intermaxillaren Abschnitt ist hier noch schärfer ausgeprägt als bei der vorigen Form. Während sich dort das intermaxillare Lippenstück in drei getrennte Partien gliedert, bildet dasselbe hier einen einfachen, hufeisenförmigen Wulst, der vorn drei tiefe Grübchen aufweist. Diese rühren anscheinend von verloren gegangenen Zähnen her. Die zu einem dicken Wulst umgestaltete Lippenfalte endigt vorn an den ersten Maxillarzähnen, während sie nach hinten bis über die Kaumuskelwülste hinausreicht. Das Vomerpolster gleicht in seinem Haupttheil einem breiten Kamm, der die lang gestreckte Vomerleiste trägt und gegen den Schlund in eine feine Spitze ausläuft. Den sehr langen und breiten Gaumenblättern fehlt die bei *Amphisbaena* erwähnte Tasche sammt den kleinen Wärzchen mit der Mündung des Jacobson'schen Organs. An Stelle der letztern befindet sich bei *Lepidosternon* jederseits des Vomerpolsters ein kleines, abgerundetes Läppchen am vordern Ende der Nasengaumenspalten. Diese sind hier erheblich breiter und in ihrem Haupttheil leierartig geschweift. Sie endigen hinten mit einer weiten Communicationsöffnung zwischen Nasen- und Mundhöhle.

Im Knochen stimmt die Munddecke von *Lepidosternon* ebenfalls im Wesentlichen mit derjenigen vom *Amphisbaena* überein, im Einzelnen aber zeigt sie gewisse Abweichungen, die ich an dem einzigen von mir untersuchten Schädel nicht mit voller Sicherheit zu deuten vermag. Es scheint jederseits ein breiter Gaumenfortsatz des Maxillare vorhanden zu sein, der jedoch bis auf einen schmalen medialen Streifen verdeckt ist, indem sich ungefähr in der Mitte der Maxillaria das wie bei *Amphisbaena* längs gestellte, aber ausserordentlich lang gestreckte Transversum mit seinem vordern Ende an den weit nach hinten reichenden Fortsatz des Intermaxillare anlehnt. Unmittelbar hinter dem letztern sind die Ausmündungsstellen des Jacobson'schen Organs gelegen, die auch hier durch eine breite Knochenbrücke weit von den innern Nasenöffnungen getrennt werden. Diese liegen ganz oberhalb der Gaumenfortsätze der Maxillaria und sind bei horizontaler Lagerung des Schädels von unten nicht zu sehen. Von den übrigen

Knochen der Munddecke gilt in der Hauptsache das bei *Amphisbaena* Gesagte; nur die Flügelbeine sind hier relativ viel kürzer als dort, und auch die Wölbung der Munddecke ist in Folge des an seiner vordern Seite auffallend platt gedrückten Schädels eine weit höhere als bei der vorigen Form.

Der Jacobson'sche Knorpel ist bei *Amphisbaena* nur sehr kurz und schmal. Er überragt den Gaumenfortsatz des Maxillare medianwärts ganz wenig und endigt bereits weit vor dem vordern Ende der innern Nasenöffnungen. Von *Lepidosternon* besass ich keine Schnittpräparate und konnte deshalb den Antheil jenes Knorpelfortsatzes an der Bildung der Gaumenblätter nicht näher untersuchen.

Zusammenfassung und Schlussfolgerungen.

Fassen wir nun die aus den vorliegenden Untersuchungen gewonnenen Resultate zusammen, so ergiebt sich zunächst in der Hauptsache:

1) dass sich unter den recenten Eidechsen in Bezug auf den Bau ihrer Munddecke thatsächlich eine fortschreitende Vervollkommnung nachweisen lässt;

2) dass wir die obersten Glieder der Reihe als Vorstufen zur Gaumenbildung der Chelonier, Crocodile und Säugethiere betrachten können.

Allerdings zeigt jene Reihe bei der verhältnissmässig geringen Zahl der von mir untersuchten Species vielfache Lücken, aber es dürfte kaum einem Zweifel unterliegen, dass manche davon durch Heranziehung von Vertretern der mir nicht zugänglich gewesenen Familien ausgefüllt werden könnten, wenn auch ein vollkommen lückenloser Zusammenhang kaum jemals zu erwarten sein dürfte, weil in den ausgestorbenen Formen Zwischenglieder verloren gegangen sein werden.

Das untersuchte Material scheint mir indessen umfangreich genug zu sein, um die Frage zu beantworten, auf welchem Weg die Bildung eines Gaumens zu Stande gekommen ist, indem es den Nachweis zu führen gestattet, dass ein solcher nicht nur bei den in dieser Hinsicht am weitesten vorgeschrittenen *Scincidae*, sondern in unverkennbaren Anfängen schon bei den tiefer stehenden Eidechsenformen vorhanden ist.

Bei der Erörterung dieser Frage müssen wir daran festhalten und es nochmals nachdrücklichst betonen, dass wir im Sinne unserer Untersuchung unter „Gaumen" nicht schlechthin die Decke der Mundhöhle verstehen — wie dies vielfach geschieht —, sondern ausschliesslich eine horizontale Scheidewand, welche, wie bei den Säugethieren, eine secundäre Mundhöhle von der Nasenhöhle trennt. Es dürfte sich daher im Interesse der nachstehenden Auseinandersetzungen empfehlen, einige neue Kunstausdrücke anzuwenden. Die primäre Mundhöhle der Wirbelthiere wird mit Bezug auf die ektodermale Herkunft ihres Epithels als ein Stomodäum bezeichnet. Durch die Bildung des Gaumens wird sie in zwei über einander gelegene Etagen zerlegt, von denen die obere durch die Nasengänge, die untere durch den Mund mit der Aussenwelt in Verbindung steht. In dem Maasse aber, wie diese Scheidung sich vollzieht, wird es schwieriger, diejenigen Hohlräume, welche ich eben als Nasengänge bezeichnet habe und die bei den Amphibien noch in die ungetheilte primitive Mundhöhle oder das Stomodäum einmünden — so dass man sie wohl „primitive Nasenhöhlen" nennen könnte — von den durch Bildung des Gaumens ihr angeschlossenen Theilen des Stomodäums abzugrenzen. Beide erscheinen uns als ein zusammenhängender Hohlraum, den man in herkömmlicher Weise mit dem Namen Nasenhöhle belegt, während man, um sich präciser auszudrücken, dafür eigentlich secundäre Nasenhöhle sagen müsste. Es bedarf nur eines Hinweises auf den Unterschied zwischen dem, was man bei den Amphibien, und dem, was man bei den Säugethieren die Nasenhöhle nennt, um diese Behauptung zu begründen. Ich schlage deshalb vor, die secundäre Nasenhöhle als Rhinodäum und die secundäre Mundhöhle als Phagodäum zu bezeichnen.

Danach können wir unsere Frage folgendermaassen formuliren: Wie vollzieht sich bei den Eidechsen die Sonderung des Stomodäums in Rhinodäum und Phagodäum, und sind noch einige Stadien des phylogenetischen Entwicklungsgangs in den gegenwärtig lebenden Eidechsenformen festgehalten?

Ausgehend von dem vielfach bestätigten Erfahrungssatz, dass der Weg, den die Phylogenie niederer Formen verfolgt hat, in der Ontogenie höherer noch aufgezeichnet erscheint, konnte man nach den Beobachtungen über die individuelle Entwicklung des Gaumens bei den Säugethieren vermuthen, dass bei den Reptilien und besonders den Eidechsen der Gaumen zuerst in Gestalt eines Paares horizontaler Falten an den Seiten des Stomodäums auftreten würde, die allmählich an Breite zunehmen und schliesslich in der Mittellinie auf einander treffen und verwachsen. Diese Erwartung hat sich durch meine Untersuchung als vollkommen berechtigt erwiesen. Es hat sich ergeben, dass der erste Anfang der Gaumenbildung in zwei klappenartigen Schleimhautfalten besteht, welche sich von der Seite her über die innern Nasenöffnungen legen und diese gegen die Mundhöhle abschliessen. Gewiss darf es ohne weiteres als einleuchtend bezeichnet werden, dass schon auf einer sehr unvollkommnen Entwicklungsstufe die Gaumenfalten eine zweckmässige Einrichtung darstellen müssen, indem durch sie das Eindringen von Nahrungstheilen in die Nasenhöhlen verhindert wird. Allein die Frage, was den Anstoss zu ihrer Bildung gegeben haben mag, ist damit noch nicht beantwortet. Ich halte mich durch meine Beobachtungen für berechtigt, anzunehmen, dass in ähnlicher Weise, wie GEGENBAUR in seiner Schrift: „Zur Phylogenese der Zunge"[1]) dargethan hat, dass die Besetzung des Mundbodens mit Drüsen nicht nur als eine Vorstufe, sondern als eine Vorbedingung für die Ausbildung einer musculösen Zunge anzusehen ist, auch die Entstehung von Gaumenfalten von der Besetzung der Munddecke mit Drüsen ihren ersten Ausgang genommen hat und von hier aus zu erklären ist.

Abgesehen von *Sphenodon*, den ich leider in der dazu erforderlichen Weise nicht habe untersuchen können, sind bei den hinsichtlich der Gaumenbildung auf der tiefsten Stufe stehenden Lacertiliern die Gaumenblätter nicht nur Träger eines mehr oder weniger mächtigen Drüsenlagers, sondern bisweilen fast ganz von einem solchen eingenommen, während umgekehrt in dem Maasse, wie sich die Gaumenblätter weiter ausbilden, die Drüsen in ihnen zurücktreten, um zuletzt fast ganz zu schwinden.

Am niedrigsten unter den von mir untersuchten Eidechsen steht hinsichtlich des Gaumens *Sphenodon*, sodann folgen mit bisweilen kaum merklicher Abstufung innerhalb der einzelnen Familien die *Agamidae*, *Iguanidae*, *Teiidae*, *Anguidae*, *Lacertidae* und *Zonuridae*. Erst in der Familie der *Scincidae* treten auffallende Unterschiede in der Munddeckenbildung zu Tage, und auch nur hier kommt es zur Herstellung eines wirklich knöchernen Gaumens, also zu einer markanten Scheidung des Stomodäums in Rhinodäum und Phagodäum. Mehr oder weniger abseits von dieser Reihe stehen die *Varanidae*, *Geckonidae*, *Chamaeleontidae* und *Amphisbaenidae*.

Bei *Sphenodon* fehlt an der knöchernen Munddecke noch jede Spur eines Gaumens. Nur in den Weichtheilen kommt es zur Bildung

---

1) in: Morph. Jahrb., V. 21.

eines solchen, indem sich einerseits das breite Vomerpolster mit seinen lateralen Rändern gegen die Innenlippe ausdehnt, andrerseits von dieser aus die Gaumenblätter medianwärts vorwuchern und eine Trennung der Mund- und Nasenhöhle herbeiführen. Bei *Sphenodon* sind die Gaumenblätter noch relativ schmal; sie reichen nach hinten kaum über das Ende der Nasengaumenspalten hinaus.

Wesentlich stärker ausgebildet sind sie bereits bei den *Agamidae*, unter denen *Calotes* eine der einfachern Formen zu sein scheint; ihm folgen in aufsteigender Reihe: *Draco*, *Amphibolurus*, *Agama* und *Uromastix*. Die Gaumenblätter von *Calotes* sind verhältnissmässig noch schwach entwickelt, während das Vomerpolster eine auffallende Breite besitzt. Dieses Grössenverhältniss beider Gebilde ändert sich aber bei den übrigen Vertretern der Familie in der Weise, dass das Vomerpolster successive in gleichem Maasse kleiner wird, wie die Gaumenblätter, namentlich nach hinten hin, an Breite zunehmen. Mit der Breite wächst gleichzeitig auch die Länge der Gaumenblätter, so dass sie bei *Uromastix* die Nasengaumenspalten nach hinten weit überragen und fast auf gleicher Höhe mit den Maxillarzähnen endigen. Einen wesentlichen Antheil an dieser Ausbildung des weichen Gaumens kommt den Drüsen zu, die sich bei *Uromastix* sowohl im Vomerpolster, in den Gaumenblättern und Lippen, als auch auf dem medianen Theil des Palatopterygoidfelds in grosser Zahl vorfinden.

Auch hinsichtlich der Ausbildung der knöchernen Munddecke nimmt unter den Agamiden *Uromastix* die höchste, *Calotes* die niedrigste Stufe ein, doch zeigt letzterer gegenüber den Verhältnissen bei *Sphenodon* einen nicht zu verkennenden Fortschritt. Dieser tritt besonders deutlich hervor in der ersten Anlage eines Zwischenkieferfortsatzes sowie in der Bildung von Horizontallamellen an den Maxillaria. Ersterer erreicht zwar nur eine geringe Grösse, dagegen werden die letztern, namentlich in ihren vordern Partien, von ansehnlicher Breite und trennen durch ihre gegenseitige Berührung den Zwischenkieferfortsatz von den breiten Vomeres. Bei *Sphenodon* grenzen diese nach hinten sowohl an die Palatina als auch an die Pterygoidea, während bei *Calotes* die Vomeres und Pterygoidea durch die Palatina von einander getrennt werden. Auch die veränderte Gestaltung und Lagerung der Gaumen- und Pflugscharbeine gegenüber der mehr horizontalen Lagerung dieser Knochenpaare bei *Sphenodon* bekundet eine vorgeschrittenere Ausbildung der Munddecke, indem sich darin offenbar das bei den höher stehenden Formen immer deutlicher hervortretende Bestreben zeigt, die innern Nasenöffnungen allmählich aus dem Niveau des Gaumens zu rücken. Am anschaulichsten unter den Agamiden treten diese Verhältnisse bei *Uromastix* zu Tage, denn hier sind nicht nur die Horizontallamellen der Maxillaria breiter und gleichförmiger als bei *Calotes*, sondern auch die Palatina lassen bereits die ersten Anfänge von Gaumenfortsätzen erkennen, in so fern ihre lateralen Ränder sich zu Gaumenbeinleisten verdicken. Indem sich weiterhin vorn von der medialen Ecke jedes Palatinums ein schräg nach oben gerichteter Fortsatz gegen die Vomeres erstreckt, wird die vordere Partie jedes Gaumenbeins zu einer breiten Rinne umgestaltet, die sich allmählich an der hintern Munddecke verliert.

Aehnliche Verhältnisse wie die Agamiden zeigen uns die *Iguanidae*. Auch bei ihnen lässt sich innerhalb der Familie ein allmähliches Fortschreiten in der Ausbildung des Gaumens feststellen. Die niedrigste Stufe nimmt die im Uebrigen ganz aberrante Form *Phrynosoma* ein; ihr am nächsten steht *Sceloporus*, sodann folgen *Urocentron*, *Polychrus*, *Iguana*, *Ctenosaura* und *Metopoceros*. Bei allen diesen Gattungen, mit Ausnahme der beiden zuletzt genannten, sind die Gaumenblätter nur mässig stark entwickelt, so dass es fast den Anschein hat, als ständen die Iguaniden hinsichtlich der Gaumenbildung noch hinter den Agamiden zurück. Allein gewisse Partien der knöchernen Munddecke weisen darauf hin, dass sie eine höhere Stufe einnehmen. Vor allem gilt dies von dem Processus intermaxillaris, der hier wie bei fast sämmtlichen höhern Eidechsenformen eine beträchtliche Grösse erlangt, während er bei *Sphenodon* gar nicht, bei den Agamiden aber nur in geringem Maasse vorhanden ist. *Phrynosoma* besitzt zwar ebenfalls nur eine kleine Andeutung jenes Fortsatzes, und es berühren sich daher die Horizontallamellen der Maxillaria auch hier hinter dem Zwischenkiefer; bei den übrigen Iguaniden jedoch wird diese Berührung dadurch aufgehoben, dass sich der zu zwei breiten Zacken ausgezogene Processus intermaxillaris keilartig zwischen die Gaumenfortsätze der Maxillaria einschiebt. Diese sind bei *Phrynosoma* schwach entwickelt; bei *Iguana* erlangen sie nur an ihrem vordern Ende eine grössere Breite. Das Hinausrücken der innern Nasenöffnungen aus dem Niveau der Munddecke zeigt sich hier noch deutlicher als bei der vorigen Familie, und zwar nicht nur an den Vomeres, sondern hauptsächlich an den Palatina, in so fern deren vordere Partien zu weit tiefern Gaumenrinnen umgeformt sind.

Das nächste Glied bilden die *Teiidae*. Von diesen repräsentirt *Ameiva* die einfachere, *Tupinambis* die entwickeltere Gattung. Der Fortschritt beider gegenüber den früher betrachteten Formen lässt sich an mehreren Stellen des Gaumens erkennen. In den Weichtheilen zeigt er sich zunächst an einer theilweisen Verwachsung der vordern Abschnitte der Gaumenblätter mit dem Vomerpolster und der dadurch hervorgerufenen Abtrennung der Ausmündungsstellen des JACOBSON'schen Organs von den Nasengaumenspalten. Während die letztern bisher einen senkrechten Durchgang von der Nasen- in die Mundhöhle bildeten, nimmt dieser bei den Teiiden einen von oben nach unten schräg gegen die Mittellinie gerichteten Verlauf, indem sich die Gaumenblätter medianwärts dem lang gestreckten, drüsenreichen Vomerpolster auflegen. Die Gaumenblätter von *Ameiva* sind drüsenlos und schmal und reichen nicht annähernd bis ans hintere Ende des Vomerpolsters, bei *Tupinambis* dagegen überragen sie dieses beträchtlich, sind breit und von zahlreichen Drüsen durchsetzt.

Die in den Weichtheilen beobachtete Abtrennung der Ausmündungen des JACOBSON'schen Organs von den Nasengaumenspalten findet sich an der knöchernen Munddecke nicht vor; hingegen erscheinen die innern Nasenöffnungen dadurch der Mittellinie näher gerückt, dass sie lateralwärts zum Theil von den Gaumenfortsätzen der Maxillaria verdeckt werden. Bei *Ameiva* sind diese Fortsätze relativ schmal, während sie bei *Tupinambis* besonders in ihrem vordern Drittel eine weit grössere Breite bewahren. Auch die zu kräftigen Gaumenleisten umgeformten lateralen Ränder der Palatina sind bei letzterer Gattung erheblich stärker entwickelt als bei ersterer und lassen ein weiteres Herausrücken der innern Nasenöffnungen aus dem Niveau des Gaumens immer deutlicher erkennen.

Den Teiiden am nächsten stehen die *Anguidae*, doch ist hinsichtlich der Munddeckenbildung kein directer Zusammenhang zwischen beiden Familien zu ersehen. Zwar finden wir hier wie dort die vordern Partien der Gaumenblätter und des Vomerpolsters mit einander verwachsen, aber die den Teiiden eigenthümliche, nur noch bei den Varaniden und Amphisbaeniden beobachtete Abtrennung der Mündungen des JACOBSON'schen Organs von den Nasengaumenspalten fehlt den Anguiden gänzlich. Immerhin ist bei letztern die Scheidung zwischen der Mund- und Nasenhöhle eine vollkommnere als bei der vorigen Form. Dies tritt besonders an der knöchernen Munddecke hervor. Der Horizontalfortsatz des Zwischenkieferbeins, der den Teiiden ganz und gar fehlt, hat hier eine beträchtliche Grösse und drängt sich nach hinten keilartig zwischen die Vomeres. Diese liegen nur noch mit ihrem verdickten medialen Rand im Niveau des Gaumens, sind dagegen mit ihren lateralen Partien ziemlich steil aufwärts gerichtet, so dass die innern Nasenöffnungen weit über der Munddecke gelegen sind. Die Gaumenfortsätze der Maxillaria, die diese Oeffnungen zum Theil verdecken, sind nicht nur in ihren vordern Partien viel stärker ausgebildet als bei den frühern Gattungen, sondern haben sich bei *Anguis* kurz vor ihrer Anlehnungsstelle an die Palatina zu einer medianwärts vorspringenden kleinen Knochenplatte verbreitet. An den Gaumenbeinen ist ausser dem medialen Rand besonders der laterale zu einer kräftigen Leiste verdickt und dadurch der vordere Abschnitt jener Knochen zu einer tiefen Rinne umgestaltet worden.

Bei den *Lacertidae* tritt das bis dahin nur an der knöchernen Munddecke beobachtete Hinausrücken der innern Nasenöffnungen aus dem Niveau des Gaumens auch in den Weichtheilen zu Tage. Es bleibt daher von den Nasengaumenspalten nur das vordere Ende sichtbar, während ihr hinterer Abschnitt und die innern Vorhöhlen des Nasengangs sich seitlich davon oberhalb der Gaumenblätter hinziehen. Letztere zeigen bei den verschiedenen Gattungen eine stufenweis fortschreitende Entwicklung, die ihren Höhepunkt bei *Eremias* erreicht, wohingegen *Lacerta ocellata* eine der einfachern Formen ist. Zwischen beiden lassen sich *L. agilis*, *L. viridis*, *L. muralis* und *L. vivipara* in aufsteigender Reihe einordnen. Allen gemeinsam ist das Verhalten des hintern Abschnitts der Gaumenblätter, in so fern dieser sich nicht mehr frei von den angrenzenden Partien des Palatopterygoidfelds abhebt, sondern in dasselbe übergeht. Bei *Eremias* hat diese Bildung einen solchen Grad erreicht, dass sich die medialen Ränder der Gaumenblätter nach hinten ohne merkliche Abstufung bis an die Ränder der Sphenoidbucht erstrecken. Auf diese Weise kommt es hier schon in den Weichtheilen zur Herstellung einer echten secundären Munddecke, die sich theilweise über die primäre hinzieht und uns über das Zustandekommen der Trennung von Mund- und Nasenhöhle durch einen Gaumen nicht mehr im Zweifel lässt.

Auch im Knochen zeigt die Munddecke der *Lacertidae* einen wesentlichen Fortschritt gegenüber den bis dahin betrachteten Formen. Dies tritt uns zunächst entgegen an den innern Nasenöffnungen, die hier weit mehr nach oben gerückt und gegen die Mittellinie verschoben sind als bisher. Jede erscheint nämlich, von unten gesehen, nicht mehr als eine einzelne grosse Oeffnung, sondern ist in zwei durch einen engen Spalt mit einander verbundene Löcher zerlegt. Diese Erscheinung ist einerseits begründet in der Gestalt und Lagerung der Vomeres, andrerseits in der Ausbildung der Gaumenfortsätze der Maxillaria. Bei sämmtlichen *Lacertidae* sind letztere gut entwickelt, so dass sie medianwärts weit gegen die Pflugscharbeine vorragen und die innern Nasenöffnungen zum grossen Theil überdecken. Mit ihrem ausgebuchteten Rand umfassen sie vorn den jederseits in einer Zacke endigenden Horizontalfortsatz des Zwischenkieferbeins und legen sich breit den Palatina an. Diese zeigen hier in so fern eine für meine Untersuchung wichtige Abweichung von der frühern Form, als sich an ihnen zum ersten Mal die Bildung von horizontalen Gaumenfortsätzen kundgiebt. Während nämlich bisher die lateralen Ränder der Palatina nur dicke Leisten bildeten, ist deren vorderes Ende hier merklich durch kleine, gegen die Mittellinie gerichtete Horizontalplatten verbreitert, welche die von den innern Nasenöffnungen auf die hintere Munddecke führenden Gaumenbeinrinnen theilweise verdecken und die Fortsetzung der Horizontallamellen der Maxillaria nach hinten bilden. **Auf der fortschreitenden Entwicklung jener Fortsätze der Palatina und der Maxillaria beruht die allmähliche Herstellung des knöchernen Gaumens.**

Grosse Uebereinstimmung mit den soeben besprochenen Verhältnissen bietet die Munddecke der *Zonuridae* dar, doch kommt es bei ihnen zu einer noch vollkommenern Gaumenbildung. In den Weichtheilen zeigt sich dies namentlich an einer stärkern Entfaltung der Gaumenblätter, die sich medianwärts mit ihrem durch Drüsen verdickten Rand dem Vomerpolster auflegen und dadurch die innern Vorhöhlen des Nasengangs nach unten hin bedeutend mehr abschliessen als bei der vorigen Familie.

Auch für die knöcherne Munddecke der *Zonuridae* gilt fast in allen Stücken das bei den *Lacertidae* Gesagte. Die Gaumenbeinrinnen und die Gaumenfortsätze der Palatina sind hier aber noch stärker ausgebildet, und es stehen daher die *Zonuridae* in dieser Hinsicht noch etwas höher als die *Lacertidae*.

Die vollendetste Form der unter den Eidechsen überhaupt vorkommenden Gaumenbildung finden wir bei den *Scincidae*, und zwar lassen sich an den einzelnen Gattungen derselben fast alle Stufen in der Herstellung der Gaumenplatte erkennen. Am niedrigsten in dieser Hinsicht steht *Eumeces*, sodann folgen *Gongylus*, *Chalcides*, *Egernia*, *Mabuia* und *Tiliqua*. Bei den drei ersten Gattungen ist der Gaumen — selbst in den Weichtheilen — in so fern noch unvollkommen, als er in der Mitte durch einen Spalt von der Breite des relativ grossen Vomerpolsters offen bleibt. Durch diesen hindurch erblickt man noch den grössten Theil der primären Munddecke, und auch von den innern

Vorhöhlen des Nasengangs bleiben die hintersten Partien als zwei grubenähnliche Vertiefungen sichtbar. Die in ihrem maxillaren Abschnitt durch mächtige Drüsen verstärkten Gaumenblätter sind nur gegen ihr vorderes Ende schwach entwickelt, im Uebrigen sind sie breit und viel mächtiger als bei den frühern Formen. Sie reichen nach hinten bis weit auf das Palatopterygoidfeld, wo sie bei *Chalcides* kräftig gegen die Mittellinie vorwachsen und den breiten Gaumenspalt beträchtlich einengen.

Wesentlich besser ausgebildet als bei diesen drei niedrigsten Gattungen der *Scincidae* ist der weiche Gaumen von *Egernia*, in so fern durch ihn eine gänzliche Scheidung des Stomodäums in ein Rhinodäum und Phagodäum bewirkt wird und es damit zum ersten Mal zur Bildung eines Pharynx und eines Ostium pharyngo-nasale kommt, wenn ich mit diesem Ausdruck, wie auf S. 2 bemerkt, den hintern, ungetheilten Abschnitt der primären Mundhöhle, bezw. die Communicationsöffnung zwischen dieser und der Nasenhöhle verstehe. Hervorgerufen wird diese Bildung durch die ausserordentlich breiten Gaumenblätter, die sich beinahe berühren. Sie verdecken die innern Vorhöhlen des Nasengangs vollständig. Das Vomerpolster, das bei den vorher besprochenen Sinciden sehr breit war und die Nasengaumenspalten weit von einander trennte, läuft hier in eine stumpfe Spitze aus, so dass jene Spalten fast vereinigt in das Ostium pharyngonasale münden.

Während letzteres bei *Egernia* unmittelbar am hintern Rand des Vomerpolsters liegt, finden wir es bei *Mabuia* — dem Vertreter der nächst höhern Gaumenform — weit von diesem getrennt. Die Ursache sind die Gaumenblätter, die längs einer grossen Strecke an einander stossen und dadurch die Scheidung des Rhinodäums und Phagodäums um ein Weiteres vervollständigen. Das Vomerpolster ist sehr breit, aber viel kürzer als bei *Egernia*. Es endigt hinten mit einer scharfen Spitze, an der sich die beiden Nasengaumenspalten zu einem einzigen engen Gaumenspalt vereinigen, welcher nach hinten in das Ostium pharyngo-nasale ausgeht. Bis auf diese schmalen Spalten ist der Gaumen vollständig geschlossen.

Zu einem vollkommnen Gaumenschluss kommt es selbst nicht auf der höchsten Stufe der Ausbildung, — bei *Tiliqua gigas*. Gegenüber *Mabuia* zeigt der weiche Gaumen von *Tiliqua* hauptsächlich darin einen Fortschritt, dass bei ihm die Gaumenblätter nicht nur zusammenstossen, sondern eine bedeutende Strecke weit über einander greifen, indem das rechte Gaumenblatt sich unter das linke schiebt und dieses über jenes. Hierdurch wird die Trennung der Mund- und Nasenhöhle eine vollständigere als bei der vorigen Form. Wie dort, so vereinigen sich auch hier hinter dem spitz auslaufenden Vomerpolster die beiden Nasengaumenspalten zu einer schmalen Gaumenspalte. Diese reicht jedoch nicht wie im vorigen Fall frei bis an das Ostium pharyngo-nasale, sondern verschwindet bereits vorher unter dem übergreifenden Gaumenblatt.

Hand in Hand mit dieser allmählich fortschreitenden Ausbildung des weichen Gaumens der *Scincidae* geht successive auch eine Vervollkommnung der knöchernen Munddecke vor sich, indem die schon bei den Lacertiden und Zonuriden auftretenden horizontalen Gaumenfortsätze der Palatina sich ganz besonders stark in dieser Familie entwickeln und schliesslich zusammen mit den Vomeres und den Horizontallamellen der Maxillaria einen wirklichen knöchernen Gaumen bilden. Schon bei *Eumeces* zeigen sich hierin gegenüber den früher betrachteten Eidechsen nicht unerhebliche Abweichungen; diese treten bei *Chalcides* noch schärfer hervor und am deutlichsten bei *Tiliqua*. Bei allen Scinciden liegen die innern Nasenöffnungen weit gegen die Mittellinie vorgedrängt, fast ganz oberhalb der breiten Gaumenfortsätze der Maxillaria. Sie erscheinen, von unten gesehen, als lang gestreckte, schmale Löcher, vor denen die Ausmündungsstellen des JACOBSON'schen Organs gelegen sind. Die Palatina berühren sich vorn, gehen aber nach hinten bald mehr, bald weniger weit aus einander. Ihre Gaumenfortsätze haben schon bei *Eumeces* und *Chalcides* eine beträchtliche Breite, bleiben aber noch weit getrennt, so dass der knöcherne Gaumen bei diesen Gattungen durch einen breiten Spalt offen bleibt und das Gaumenbein im Querschnitt als ein hakenförmig gegen die Mittellinie umgebogener Knochen erscheint. Bei den höher entwickelten Gattungen der *Scincidae* verengt sich der Gaumenspalt zwar in gleichem Maasse, wie die horizontalen Fortsätze der Palatina und Maxillaria an Breite zunehmen, aber selbst bei *Tiliqua* kommt es zu keinem wirklich geschlossenen Gaumen, d. h. nicht zur Verwachsung der einander entgegenstrebenden Gaumenbeinfortsätze. Vielmehr findet das in den Weichtheilen beobachtete Uebereinandergreifen der beiden Gaumenhälften — wenngleich weniger scharf ausgeprägt — auch im Knochen statt. Wie dort haben wir also auch hier nur eine fast vollendete Scheidung der Mund- und Nasenhöhle durch den Gaumen. Die Nasenhöhle ist nach hinten zu einer langen Röhre ausgezogen, die nach oben von den Vomeres und den eigentlichen Körpern der Palatina, nach unten von den horizontalen Gaumenfortsätzen der letztern begrenzt wird. Die weiten Choanen liegen oberhalb dieser Gaumenfortsätze, kurz vor dem vordern Ende der Pterygoidea.

Dass diese bei *Tiliqua* geschilderten Munddeckenverhältnisse noch nicht die höchste Stufe der unter den Scinciden vorkommenden Gaumenbildung umfassen, beweisen die von SIEBENROCK bei der Gattung *Lygosoma* gemachten Beobachtungen. Er schreibt: „Die vordern medialen Ränder der Pterygoidea sind gewöhnlich durch einen weiten Spalt getrennt, wie wir dieses bei den meisten *Lygosoma*-Arten, bei *Mabuia* etc. finden. Ganz abweichend aber sind diese Verhältnisse bei einigen *Lygosoma*-Arten, welche den australischen Continent bewohnen und zur ehemaligen Gattung *Hinulia* gehören und sich auch durch andere, schon früher angeführte osteologische Eigenthümlichkeiten von allen übrigen *Lygosoma*-Arten unterscheiden. Speciell bei *L. australe* und *L. quoyi* stossen die vordern Enden der Pterygoidea in der Mittellinie zusammen, und zwar legen sie sich bei der zweiten Art ein kurzes Stück an einander, während sich bei der erstern der linke mediale Rand über den rechten schiebt."

Leider ist es mir nicht möglich gewesen, für meine Untersuchungen Vertreter dieser beiden *Lygosoma*-Arten zu verwenden, und ich habe deshalb SIEBENROCK's Befunde in Bezug auf das Verhalten der Mundweichtheile nicht prüfen können. Immerhin erkennen wir, dass die bei *Tiliqua* nur an den Gaumenbeinen auftretenden Verhältnisse sich in der Gattung *Lygosoma* sogar bis auf die Pterygoidea erstrecken und dass es daher wie im Knochen so auch wohl zweifelsohne in den Weichtheilen zu einer noch vollkommenern Gaumenbildung kommt, als ich sie bei *Tiliqua* geschildert habe.

Nicht einzugliedern in die aufsteigende Reihe der Eidechsen sind die Familien der *Varanidae*, *Geckonidae*, *Chamaeleontidae* und *Amphisbaenidae*, auch lassen sich Beziehungen dieser Familien zu einander und zu den früher betrachteten Formen nur an wenigen Stellen nachweisen. Sie stehen hinsichtlich des Baues ihrer Munddecke insgesammt auf einer sehr niedrigen Stufe und zeigen zum Theil grosse Abweichungen von der eigentlichen Grundform derselben.

Bei den *Varanidae* kommt es nicht einmal in den Weichtheilen zur Bildung eines Gaumens, da ihnen der bei allen übrigen Eidechsen vorhandene, bald mehr, bald weniger vollkommne untere Abschluss der innern Vorhöhlen des Nasengangs durch die Gaumenblätter gänzlich fehlt. Letztere sind bis auf ihre vordersten Partien höchst rudimentär. Sie verstreichen nach hinten lateralwärts ziemlich plötzlich als ein dünner Hautsaum unter der Lippenfalte, so dass die Nasengaumenspalten vollständig verschwinden und sogar ein Stück der Nasenmuschel von unten sichtbar bleibt. Der knöchernen Munddecke mangelt sowohl an den Maxillaria als auch an den Palatina jede Spur von Horizontallamellen; nur das Zwischenkieferbein trägt einen langen Fortsatz, der die äussert schmalen und lang gestreckten Vomeres von vorn begrenzt. Mit den Anguiden übereinstimmend ist bei den Varaniden das Vorkommen kleiner Foramina intermaxillaria, während die bei den Teiiden in den Weichtheilen beobachtete Trennung der Ausmündungsstellen des JACOBSON'schen Organs und der innern Nasenöffnungen hier auch noch im Knochen besteht.

Eine vollkommnere Sonderung zwischen Mund- und Nasenhöhle als bei den Varaniden zeigt die weiche Munddecke der *Geckonidae*, die trotz ihrer weitgeschweiften Umrandung und der gedrungenen Gestalt ihrer einzelnen Theile der Grundform des Eidechsengaumens ziemlich nahe steht. Während bei der vorigen Familie die innern Vorhöhlen des Nasengangs nach unten hin ganz offen liegen, sind dieselben hier bis auf schmale Nasengaumenspalten geschlossen, indem die dort vorhandenen rudimentären Gaumenblätter hier eine beträchtliche Breite erlangt haben. Wesentlich beeinflusst wird diese kräftige Ausbildung jener Deckfalten durch Drüsen und den JACOBSON'schen Knorpel. Beide sind bei den Geckoniden mächtig entwickelt, fehlen aber in den Gaumenblättern der Varaniden vollständig, während sie diese hier bis über den hintern Rand der innern Nasenöffnungen hinaus durchziehen. Den breiten Gaumenblättern entsprechen an der knöchernen Munddecke verhältnissmässig gut ausgebildete Gaumenfortsätze der Maxillaria und der Palatina, doch bleiben die innern Nasenöffnungen noch als zwei grosse Löcher sichtbar. Die Betheiligung der Vomeres an der Bildung des Gaumens ist eine äusserst geringe. Eigenartig an ihnen ist ihre hintere Begrenzung, in so fern diese zum weitaus grössten Theil von einer dünnen Membran gebildet wird, die sich nach hinten bis an das Ethmoideum erstreckt; nur mit den äussersten Ecken ihrer lateralen Ränder stossen die Vomeres an einen zackenartigen Fortsatz der Palatina.

Bei den *Chamaeleontiden* haben die Gaumenblätter durch Einlagerung mächtiger Drüsen und unter Einwirkung des kräftig entwickelten JACOBSON'schen Knorpels ebenfalls eine bedeutende Breite erlangt. Sie gehen nach hinten ohne merkliche Abstufung in die angrenzenden Weichgebilde des Palatopterygoidfelds über und verdecken zum grossen Theil die innern Vorhöhlen des Nasengangs nebst der tiefen Medianfurche, in welche jene nach hinten auslaufen. Während es hierdurch in den Weichtheilen zu einer ziemlich vorgeschrittenen Gaumenbildung kommt, bleibt die knöcherne Munddecke in dieser Hinsicht weit zurück. Zwar tragen die Maxillaria mässig breite Horizontalfortsätze, die sich vorn längs einer beträchtlichen Strecke berühren und an die sich hinten medianwärts vorspringende Knochenleisten der Palatina und Pterygoidea ansetzen, aber zur Bildung wirklicher Gaumenbeinfortsätze kommt es nicht. Fast ganz ohne Einfluss auf die Herstellung der knöchernen Gaumenplatte sind das Zwischenkieferbein mit seinem winzigen Processus intermaxillaris und der auffallend kurze, horizontal liegende Vomer; auch bleiben die grossen, mandelförmigen innern Nasenöffnungen von unten in ihrer ganzen Ausdehnung sichtbar.

Der weiche Gaumen der *Amphisbaenidae* ist trotz mannigfaltigen Eigenthümlichkeiten im Ganzen gut entwickelt, in so fern die breiten und lang gestreckten Gaumenblätter sich dem Vomerpolster dicht anlegen und dadurch zwischen Mund- und Nasenhöhle nur verhältnissmässig enge Communicationsspalten frei lassen. Getrennt von diesen liegen bei *Amphisbaena* die Austrittsstellen des JACOBSON'schen Organs — ähnlich wie bei den Teiiden und Varaniden — während jene Trennung bei *Lepidosternon* nicht besteht. Da Munddeckendrüsen gänzlich fehlen und der JACOBSON'sche Knorpel nur eine geringe Grösse erlangt, fällt vorwiegend dem Bindegewebe und Epithel die kräftige Ausbildung der Gaumenblätter zu. Eigenartig an diesen und von den entsprechenden Gebilden aller übrigen Eidechsen abweichend ist bei *Amphisbaena* das Vorhandensein einer Art Tasche auf jedem Gaumenblatt, deren Zweck sich jedoch aus meinen Schnittpräparaten nicht näher ergab.

Weniger vollkommen als in den Weichtheilen ist der Gaumen der Amphisbaeniden im Knochen; dennoch übertrifft er hinsichtlich seiner Ausbildung den Gaumen mancher früher besprochenen Gattung um ein Bedeutendes. Dies zeigt sich namentlich an den innern Nasenöffnungen, in so fern dieselben ganz seitlich oberhalb der breiten Gaumenfortsätze der Maxillaria gelegen und bei verticaler Anschauung von unten nicht zu sehen sind. Breite und tiefe Rinnen, die durch die Vomeres und Palatina gebildet werden, führen von ihnen auf die hintere Munddecke. Die in den Weichtheilen beobachtete Trennung der Ausmündungen des JACOBSON'schen Organs von den innern Nasenöffnungen findet sich in Uebereinstimmung mit den Varaniden auch im Knochen vor. Abweichend jedoch von der Gaumenbildung sämmtlicher vorstehend betrachteten Eidechsen ist bei den Amphisbaeniden das gänzliche Fehlen der Foramina suborbitalia und die hierdurch bedingte eigenthümliche Einzwängung der Transversa zwischen die angrenzenden Munddeckenknochen.

Literaturverzeichniss.

Born, Die Nasenhöhlen und der Thränennasengang der amnioten Wirbelthiere, in: Morph. Jahrb., V. 5.
Leydig, Die in Deutschland lebenden Arten der Saurier.
Parker, On the structure and development of the skull in the Lacertilia, in: Phil. Trans. Roy. Soc. London, 1879.
Reichel, Beitrag zur Morphologie der Mundhöhlendrüsen der Wirbelthiere, in: Morph. Jahrb., V. 7.
Siebenrock, Beitrag zur Kenntniss des Kopfskelets der Scincoideen, Anguiden und Gerrhosauriden, in: Ann. Hofmuseum Wien, V. 10.
Vogt u. Yung, Lehrbuch der praktischen vergleichenden Anatomie, V. 2.

Lebenslauf.

Ich, CARL HEINRICH BUSCH, mennonitischer Konfession, bin am 2. December 1861 zu Norden in Ostfriesland als der Sohn des Fabrikanten Dr. C. BUSCH geboren, erhielt meine erste Schulbildung auf dem Gymnasium meiner Vaterstadt, besuchte von 1872—1878 das Gymnasium zu Celle und ging alsdann nach Hannover, woselbst ich Ostern 1881 das Reifezeugniss erlangte.

Nach Absolvirung meines Dienstjahres zu Berlin widmete ich mich daselbst sechs Semester dem Studium der Mathematik, Physik und beschreibenden Naturwissenschaften, ging sodann einige Semester nach Göttingen und hierauf zur Beendigung meiner Studien nach Giessen, wo ich Ostern 1893 die Lehramtsprüfung ablegte. Schon einige Zeit vorher hatte ich die zu der vorliegenden Arbeit nothwendigen Untersuchungen unter der gütigen Leitung des Herrn Prof. Dr. J. W. SPENGEL begonnen, der mir auch aus den Sammlungen des Giessener Zoologischen Instituts das geeignete Material bereitwilligst zur Verfügung stellte. Hierfür sowie für die vielseitige Anregung und Unterstützung bei der Abfassung vorliegender Arbeit erlaube ich mir demselben meinen verbindlichsten Dank auszusprechen.

Zu Ostern 1894 trat ich in das pädagogische Seminar am Grossh. Gymnasium zu Giessen ein, wirkte sodann von Ostern 1895—1896 am Grossh. Ludwig-Georgs-Gymnasium zu Darmstadt und bin gegenwärtig als Lehramts-Assessor am Grossh. Gymnasium und der Realschule zu Worms beschäftigt.

Worms, den 1. April 1897.

CARL BUSCH,
Lehramts-Assessor.